英語教師のための

第二言語

Second Language Acquisition:

習得論

An Introduction for English Language Teachers

入門 ［改訂版］

白井恭弘＋著

大修館書店

はじめに

　本書のタイトルにある「第二言語習得」は、英語では Second Language Acquisition といい、しばしば SLA と略されます。第二言語習得というのは、我々が母語以外の言語をどのように習得するかを研究する学問です。

　僕はこれまで、日本それからアメリカで、第二言語習得全般に関して様々な授業をしてきました。その過程で、かなりの知識が蓄積されてきて、この知見を一般社会に還元したいという気持ちを持つようになり、第二言語習得のエッセンスを一般読者向けにわかりやすく書いた本をまず 2 冊出しました。1 冊目が『外国語学習に成功する人、しない人』（2004 年、岩波科学ライブラリー）ですが、これを膨らませて倍くらいの量になっているのが、『外国語学習の科学』（2008 年、岩波新書）です。

　ところが、上の 2 冊は一番の読者だと思っていた英語の先生方にはあまり読まれていないということに気がつきました。ある英語教師対象の講演会で、2 冊のどちらかを読んだ方はどのくらいいるか聞いてみたのですが、10 パーセントにも満たない数字でした。講演に来るという人は、このテーマにそれなりに興味があるわけですが、それでもこの数字なので、ちょっと残念でした。また、広島大学（当時）の柳瀬陽介先生が、「たいていの英語教員は、白井恭弘『外国語学習の科学―第二言語習得論とは何か』（岩波新書）を既読であると私は思い込んでいたが、最近そうでもないことに気づいて驚いている。新書ぐらいは読んでおきたい」（『英語教育』2011 年 10 月増刊号、大修

館書店）と書かれていたので、事情は残念ながらあまり変わっていないようでした。まあ、これも忙しさから仕方がないのかな、という気もします。自分の高校教師時代を考えても、英語教育関係の本はずいぶん読みましたが、それ以外のものはほとんど読む時間はありませんでした。

　そこで、今度は英語を教えている先生に読んでほしいと思い、英語教育の現場のニーズに特化して書き下ろしたのが本書です。執筆に当たっては、僕自身の実体験をなるべく入れながら、忙しい先生方も肩肘張らずに読めるようなエッセイとなるように心がけました。気楽に（そしてできれば何度か）読んでいただければ幸いです。特に、気に入ったところには線を引いて、読み返していただければいいでしょう。

　第1章は、これまでに第二言語習得研究で明らかにされてきたことについて、英語を教える人に最低限押さえておいてほしい内容をまとめてあります。その意味で、上記の2冊の内容と重なるところもありますが、すでにお読みになった方は、復習のつもりで読んでいただければと思います。もちろん、前著にはない内容、また新しい研究成果も盛り込んでいます。また、SLAに関する書籍を読むのは本書が初めてだという方は、もし本書を読んで興味を持たれたら、最初の2冊、またこの本の巻末に紹介したような他の本や論文に進んでいってもらえればと思います。

　第1章の内容は、すぐに日々の授業に役立つものもあれば、そうでないものもあるでしょう。そして、すぐに役立たないものであっても、それは授業過程、学習過程を考えていく上で、

背景知識として知っておかなければならない原理原則のようなものです。いま、自分が置かれている現状でより効果的な英語教育を進めていくための基本的知識としてとらえ、毎日の実践、授業過程、また自分が教える学習者の学習過程を考える時の評価基準になるでしょう。

第2章では、このような原理原則をふまえた上で、現在の日本の英語教育のあり方、またこれからの方向性などについて、私見を述べたいと思います。さらに、第3〜6章では、より具体的にSLAの観点からみた、個々の現場（小学校、中学校、高校、大学など）に関して、進むべき方向性を考えてみたいと思います。

なお、「第二言語習得」に関するよくある誤解を指摘しておきますが、第二言語習得の守備範囲は、ありとあらゆる第二言語、すなわち母語以外の言語の習得で、日本における「外国語」としての英語習得も当然含みます。少し前に、ある日本の方と話していたところ、第二言語習得は「第二言語」の研究だから、日本のような「外国語」環境では関係ない、と言われてびっくりしたのですが、似たような話を日本滞在中、特に英語教育に携わっている方から何度か聞いたので、おそらくこのような誤解はある程度ひろがっているのかもしれません。もちろん、第二言語習得研究では1970年代からずっと「外国語」習得もその守備範囲に入っていて、例えば習得順序はどちらの環境でも同じ、というような結果を出した研究はいくつもありますし、どこが同じでどこが違うかを調べた研究も多数あります。

本書の最も重要な眼目は、第二言語習得という言語科学の一

分野の知見に基づいた「科学的」アプローチです。経験主義や印象主義を超えたデータに基づく「あるべき学習過程」を生徒、学生たちがとれるよう、私たち教師がめざすべきものについて考えていきます。

目次

第1章
第二言語習得論のエッセンス

第**2**章
SLAからみた日本の英語教育
現状とこれから ……………………………………………51

第3章
小学校英語教育のこれから

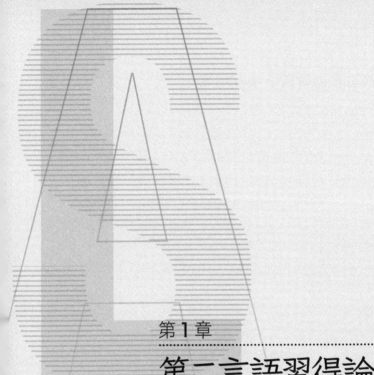

第1章

第二言語習得論の
エッセンス

英語の先生なら
これだけは知っておきたい

第二言語習得と英語教育

　第二言語習得というのは、「第二言語が習得されるのはどういうメカニズムによるのか」を科学的に明らかにする学問です。この場合の第二言語というのは、日本で英語や中国語を習得するような「外国語（foreign language）」の習得も、アメリカで英語を母語としない人が英語を習得するような「第二言語（second language）」の習得も含みます。第二言語習得の研究は、両方の環境で行われています。

　第二言語習得の研究を読んだからといってすぐに毎日の実践に答えが出るというわけではありませんが、医者になるには医学を勉強しなければならないのと同じように、外国語を教える立場にある人は、第二言語習得について学ぶべきです。なぜなら、第二言語習得のメカニズムがどうなっているのかということを知っていて教えるのと、知らないで教えるのでは全然違うからです。そういう意味で、例えば北米の TESOL などの英語教授法プログラムでは、第二言語習得論はだいたい必修科目に入っています。一方日本では、残念ながら英語教員、外国語教員養成プログラムではまだ必修にはなっていない場合が多いようです。そこで、まず第 1 章では SLA 研究でわかってきた内容を、英語を教える際に重要と思われる点について短くまとめてみたいと思います。

母語の影響

言語転移

　なぜ日本人は英語が苦手なのか、これにはいろいろな理由がありますが、そのうちのひとつが、「母語と学習対象言語が違えば違うほど外国語習得は難しくなる」ということです。例えば、スペイン語とポルトガル語は非常に似ているので、方言を習得するのと似たようなものです。方言話者が標準語を習得するのはさほど難しくありません。しかし、日本語と英語とは非常に距離がある。ですから日本人が英語ができないというのはある程度納得がいく話で、例えば、ドイツ人やオランダ人に比べて日本人が英語ができないのは当たり前なわけです。

　外国語学習の時の母語の影響を「**言語転移**（language transfer）」といいますが、「転移」というのは今まで持っている知識・技能（スキル）が他の新しい知識・技能を学習する時に影響を与えることです。プラスの影響を与えることを「**正の転移**（positive transfer）」、マイナスの影響を与えることを「**負の転移**（negative transfer）」といいます。

　この「転移」は外国語学習だけでなく、どんな時にも起こります。例えば小さい頃から卓球をやっていた人は、テニスをする時にもどうしても脇を締めて打ってしまうとか、そういったことです。これは言語に限ったことではなく、こういうスキルの転移というのは人間の認知活動のありとあらゆる場面で起こります。大事なことは、その2つのスキルが似通っていればい

るほど、正の転移が多くなり、習得しやすくなるということなのです。ですから、卓球をしていた人がテニスを始めた場合、全然していなかった人よりは上達は早いと思われますが、サッカーをしていた人が野球をやろうとしてもそんなに転移は起こらないでしょう。

　外国語学習も同様に、母語と外国語が似ているほど正の転移が起こり、そして全体として学習が容易になるということが言えます。ただ、2つの言語が似ていれば似ているほど、違っているところは間違えやすい。例えば、卓球をやって一度身に付いた脇を締めて打つ癖は、テニスをする時になかなか直りにくいのと同じです。負の転移は、外国語学習においてしばしば「誤り」として現れるために目立つので、似ている方が習得が難しいと思う人もいるのですが、じつは似ている場合は本人が気づかないところでずいぶん助けられているわけです。教師の役割は、似ていることで習得がプラスになる正の転移を十分に生かし、負の転移を最小限にとどめることなのです。母語を悪者にしていても、問題は解決しません。

普遍的な習得順序

　第二言語習得の分野ではこれまでにいろいろな発見がありましたが、その中で、英語教育への示唆という点で最も重要と思われるのが、おそらく普遍的な習得順序の発見だと思います。どういう状況においても、どういう環境においても、どういう教え方をしても、難しいものは難しいし、易しいものは易しい、ということがわかってきたのです。

例えば、英語の文法事項の順序に関する研究が多数行われていて、易しいものが「進行形、複数形、be 動詞」、その次に「助動詞、冠詞」、その次に「不規則動詞の過去形」、一番難しいのが「規則動詞の過去形、三人称単数現在の -s、所有格の 's」。これがスティーブン・クラシェン（Stephen Krashen）という研究者が提示した、「**自然な順序（natural order）**」です。第二言語習得の教科書にも大抵のっています。

　ところがこれが必ずしもそうではないだろうということを、多くの日本人研究者はある程度わかっていました。なぜかというと、日本人は、クラシェンがいう普遍的な順序によると習得が遅いはずの所有格の 's などをけっこう早く習得するとか、複数形とか冠詞は習得が早いと言われているのに、日本人の多くは習得が遅れるということが、研究の結果わかっていたからです。習得するのが普遍的に難しいものと易しいものがある、というのは SLA の重要な発見ですが、それでもやはり母語の影響が非常に強い、ということも押さえておく必要があるということです。

スピーキング重視の弊害

　母語の影響に関して、外国語学習の際、スピーキングを重視しすぎることによって生まれる問題もあります。これはどういうことかというと、例えば「どう思いますか」を How do you think about it? と言う日本人がけっこう多い。正しくは、What do you think about it? ですけれども、かなり英語がペラペラな日本人でも、このように間違えて言う人がいます。たとえば、

あるニュースキャスターが英語でインタビューしている時に、How do you think about...? と言っていました。なぜそうなってしまうのかというと、まだ What do you think about...? という表現が身に付く前に、日本語の「どう思いますか」を直訳して使ってしまい、それをそのまま使っているうちに定着してしまったと考えられます。第二言語の知識が身に付かないうちに無理やりプロダクションをさせようとすると——"L1 + Monitor mode" とクラシェンは呼んでいますが——自分の母語の知識とその時までに学んだ様々な文法知識を使ってなんとかしゃべろうとする。そうすると、How do you think about it? みたいな表現が出てきてしまう。この問題はスピーキングを学習者に強制する時に注意する必要があるでしょう。

文化の転移

　先程、言語転移について説明しましたが、外国語を学ぶ時に文化も転移するか、という問題を考えてみましょう。僕は大学4年の時、初めてアメリカに行って、その時はホームステイをしました。その頃から英語がけっこうしゃべれたので、よく英語をほめられたわけです。Yas, your English is very good. とか言われる。そんな時に、何と返事をしたかというと No, no, no, my English is terrible. などと言っていた。つまり、ほめことばを受け入れないで、拒絶していたわけです。すると、ある日ホストマザーが「それではだめだ」と言うんですね。「ほめられた時は、ほめことばを受け入れなきゃだめだ」と言われたわけです。でも、何と言っていいかわからない。日本人には謙譲の

美徳がありますから、第二言語をしゃべる時にもそれが転移するのです。その時ホストマザーは「Thank you. と言えばいい」と教えてくれました。

それで、その後は、ほめられたら Thank you. と言うようにしたのですが、僕はそれを言うと心が痛む世代です。でも最近の若い人はそうでもないようで、ほめられたら「ありがとう」とか言うらしいです。日本人の謙譲の美徳も変わりつつあるということでしょう。この点については実際はもっと複雑で、世代だけでなく、何をほめられるかなど様々な要素によって決まってくるのですが（清水, 2009）。

＊

以上のように、第二言語習得においては、母語の影響は避けて通ることはできない。だから教師は常にそれを意識しておく必要があるということです。教える時にどういう所にフォーカスを当ててやればいいかを、母語の影響を考えた上で決めた方がいいということです。具体的にどうすればいいかは、あらためて第2章で取り上げます。

年齢要因（臨界期仮説）

次に、第二言語を習得する際、学習者の年齢がどのように影響するのかを考えてみましょう。この問題は、小学校英語導入の是非に関する大論争の中で注目されていましたが、第二言語習得研究で明らかになってきた事実をふまえた上で議論する必

要があるのは、言うまでもないでしょう。

「**臨界期仮説**（critical period hypothesis）」というのは、「第二言語の習得において、ある年齢を過ぎるとネイティブスピーカーと同様の言語能力を身に付けることは不可能になる」という仮説だと、一般的に言われています。はたして、この考え方について、研究者の理解はどうなっているのでしょうか。

まず、第二言語習得の研究者たちの間で、年齢要因が重要であることを否定する人はいません。けれども、実際にある年齢（例えば12、3歳くらい）を境に、ここから後は学んでも習得は無理だとか、ここから後は急に外国語学習能力が下がるというポイントがあるのか、それとも、学習能力が年齢が上がるにしたがって徐々に徐々に下がっていくのか、そういうことにまず議論があります。つまり、「臨界点」というものがあるのかどうかということに関して、研究者の間で意見が異なっている。

世間一般では――いわゆる folk belief（俗信）ですが――外国語学習は若ければ若いほどいいのではないかと思っている人が多いのですが、第二言語習得の研究者が70年代、80年代にそれまでの研究を検討して出てきた結論は、"**Older is faster, younger is better.**" というものでした。つまり、大人というのは総合的認知能力が子どもに比べてずっと優れていますから、最初は大人の方が学習が早いわけです。ところが1年くらいすると逆転してその後は差が開く、ということです。親子で外国に移り住んだ場合、子どもの方は、そのまま滞在すれば母語話者と変わらないくらいになる場合が多い。（もちろん、きちんと母語話者と交流をすれば、という話ですが。例えば日本人の

子どもがアメリカやイギリスに行っても、いくら若くても、日本人同士で話していたら子どもでも英語を習得しないのはある意味当たり前ですから。)

　SLA 研究でわかってきた "Older is faster, younger is better." とはざっとこのようなことです。ただし、この手の研究は大体そのことばが話されている環境、すなわち第二言語環境に行って、その後どうなったかというのがほとんどですから、この結論もそのような環境におけるものであると考えておく必要があります。この点については、小学校英語についての第3章でまた取り上げます。

　次に、なぜそのような年齢の影響があるのか、つまり年齢の影響をどう説明するかについても様々な意見があって、見解が一致しているとは言えません。例えば、脳の柔軟性が下がる、大人は分析しすぎる、子どもは自然に第二言語環境に溶け込める、母語によるフィルター、これ以外にもいろいろな説明がなされています。これら全部が関係している可能性もあります。

　その中で、「母語によるフィルター」という考え方が最近注目を集めているので、もう少し詳しく見ていきましょう。

母語によるフィルター

　母語によるフィルターとはどういうことかというと、母語を一度身に付けてしまうと、母語というフィルターを通してしか第二言語を処理できなくなってしまうということです。例えば

日本人は /r/ と /l/ の区別ができず、この 2 つが同じに聞こえてしまうので、何度この 2 つの音を処理してもその区別が聞き取れるようにはならない、といったことです。

　ここで、ちょっとこの「処理」という用語を説明しておきます。「**言語処理**（language processing）」というのは、言語を理解したり、言語を産出したりすることを指します。言語処理をする時には、頭の中で、音声、文法、意味、世界知識など全て瞬時に計算することが要求されますが、その時に脳内で複雑な認知的処理が行われているわけです。それなしにはことばはわからないし話すこともできない。そのような認知的処理を言語処理といいます。産出よりも理解を指すことが多いですが、専門的には両方とも言語処理です。

　上の /r/ と /l/ の例は音声処理についてですが、文法的なことについても、同様のことが言えます。例えば複数形の -s は日本語話者にとっては重要ではない。"Departure" か "Departures" か、アカデミー賞外国語映画賞を受賞した『おくりびと』の英語のタイトルは、どちらだかわかりますか？　僕自身もこれを書こうとした時にどちらかわからなくなったので調べたら、複数形、"Departures" でした。そう言われてみれば、『おくりびと』の主人公は何度も何度もいろいろな人を現世から来世へ送り出していくわけですから、英語のタイトルが複数形になっているのも納得がいきますが、departure という単語を聞いた時、我々日本人は単数か複数かは、深いところでは処理していないので、記憶があいまいなわけです。

　これは、母語がある程度固定してしまうと、その後は母語の

フィルターを通してしか外国語の処理ができなくなってしまうという例です。つまり、母語にない区別は深いレベルまでは結局処理できなくなってしまうから、何度聞いても使っても、結局ネイティブスピーカーの域には達しないというのが、母語のフィルターによる年齢要因の説明です。

　これはある意味ではネガティブなことですけれども、見方を変えて「母語習得」という観点からすると、非常にポジティブなことなのです。つまり、母語を習得することによって、自分の母語にない区別ができなくなる、というのは言い換えれば母語処理に必要のないことは無視して、効率よい言語処理ができるようになる、ということです。例えば、日本語で /r/ と /l/ の区別ができなくたって、何も困らない。区別する必要がないわけです。ところが、赤ちゃんは皆区別できるんです。1歳くらいまでの子どもは世界中の言語のありとあらゆる音を区別できる。それが母語を習得するうちに徐々に区別ができなくなってくる。母語を習得するにつれて、母語をより効率よく処理できるようになるからなのです。一方で、母語を習得することによって、第二言語の処理ができなくなる。いわゆる trade off ——あちらを立てればこちらが立たず——です。これが最近影響力を強めつつある、「**母語によるフィルター**」という臨界期・年齢要因の説明です。

＊

　年齢要因について、これまでにわかってきたことをまとめると、

（1）Older is faster, younger is better.

（2）年齢は重要だが、「臨界期」があるかどうかは論争されている。

（3）なぜ年齢の影響があるかについてもいくつかの説明がある。

（4）そのうちのひとつの、「母語によるフィルター」（母語の習得により、外国語の処理が難しくなる）という説明が影響力を強めている。

バイリンガルの利点

ここで、バイリンガル（二言語併用者）の利点について、考えてみましょう。まず、バイリンガルの子どもは、ひとつの言語しかしゃべらない子どもに比べて、認知能力が優れているというのは、ここ30年くらいでわかってきたことで、既に定説になっています。

この場合の認知能力というのは、創造性、類推能力、柔軟な情報処理能力などですが、さらに、最近の研究で、母語と外国語の距離が遠い方が認知能力の優位性が高いというのがあります。どういうことかというと、例えば、アメリカでスペイン語を母語として英語を習得している人と、中国語や韓国語を母語として英語を習得している人とを比べると、後者の方が認知的な優位性は高いということです。なぜかというと、おそらく、そちらの方が大変だからでしょう。大きく異なる2つの言語を

12

同時に処理する方が多くのリソースを、つまり認知的な資源を使わなければいけないので、認知的負荷がかかり、それがトレーニング効果として現れるのだと考えられます。

　このことと一致するのが、バイリンガルの老人は認知症の発症が遅れ、その後の進行も特に早いということはない、という現象です。教育レベルの高い人は、認知症の発症が遅れるということがわかっていますが、一旦認知症が発症するとその後の進行が早く、普通の教育レベルの人にすぐに追いついてしまうのです。ところが、バイリンガルの場合は、発症が遅れるだけでなく、その後の進行もモノリンガルの人と比べて同じくらい。だから、長い間健康な認知的生活ができるわけです。ですから、我々は自信を持って子どもたちに英語を教えた方がいいわけですね。この話、生徒さんにしてあげたらいいでしょう。英語学習のやる気が高まるかもしれません。ただし、この場合のバイリンガルというのは日常的に2言語を使ってコミュニケーションをしている、というもので、どのくらい第二言語の力を付ければ認知症の発症が遅れるという効果が見られるのかは、まだわかっていません。

　さて、ここまでの年齢要因、臨界期仮説に関する研究のほとんどは第二言語環境、つまり、その外国語が話されている環境（例えば、アメリカにおける英語、オランダにおけるオランダ語など）でなされた研究に基づいている、ということに注意しなければなりません。少し前に、この問題の第一人者とも言えるテキサス大学のデビッド・バードソング（David Birdsong）の話を聞いた時に、彼が最初に前置きとして言っていたのは、

自分がこれからする話は第二言語環境における研究に基づいており、その言語が話されていない外国語環境に関しては、同様の主張が成り立つとは限らない、ということでした。外国語環境における年齢要因についての研究は、第3章で小学校英語のトピックに関連して詳しく取り上げます。

外国語学習における個人差

外国語学習における個人差に関しては、「どんな学習者が第二言語習得に成功するか」の問題を中心に、様々な研究が行われています。今までの SLA の研究の中でわかってきている、外国語学習に成功する学習者の特徴は、以下のようなものでしょう。

（1）若い
（2）母語が学習対象言語に似ている
（3）外国語学習適性が高い
（4）<u>動機づけが強い</u>
（5）<u>学習法が効果的である</u>

以上のような条件を満たしていれば、まず間違いなく外国語学習に成功するでしょう。

さて、上の5つの中で、(4) と (5) だけに下線が引いてありますが、なぜかおわかりになるでしょうか？　じつは、我々教

師が――まあ学習者の立場から考えても同じですけれども――変えることができるのは、学習動機と、学習方法だけです。学習者の年齢や母語を変えることはできませんし、適性も研究者の間では変わらないものと考えられています。ですから、**教師としては、学習者の動機づけを高め、効果的な学習法をとれるように導いていくことに集中すればよい**、ということになります。

外国語学習適性とは

ここで(3)の「外国語学習適性」とは何か、ということについて考えてみたいと思います。まずは外国語学習に特有の適性があるのかどうか、という問題を考えてみます。僕も長いこと外国語の教師をやってきましたが、多くの学習者を見ていると、外国語が非常によくできる子は、だいたいにおいて他の学科もよくできる。これは、「外国語学習の適性と一般的知能は同じだ」という考え方と一致します。ところがその一方で、他の学科はだめだけれども外国語だけ、英語だけよくできるという学生もいますし、逆に数学はよくできるのに英語は全然だめだという子もいます。これらの事実は、「外国語学習に特有の適性がある」という考え方と一致します。実際のところはどうなのでしょうか。じつは、この問題については、かなりの研究がなされていて、ある程度の結論が出ています。

この分野での研究の大きな争点は、知能テストで測るIQす

なわち「一般的知能・知性」と「外国語学習適性」がどの程度同じものなのか、それとも異なるものなのか、ということでした。結論から言うと、かなり重なっているけれども全く同じではなくて少しずれる、それが研究者の間の理解です。これは、上で述べた我々教師の直感にも一致します。

　次に、研究者が「適性」という時に何をもって適性と言っているのかというと、これはじつはデータから出てきた、いわゆるボトムアップの概念を使ってきました。研究者が外国語学習適性と言う時に一番よく使うのは、「適性テスト」で測られた能力なのです。この適性テストは何なのかというと、1950年代あたりからアメリカの国務省（日本の外務省にあたる）で職員の中の誰に外国語を勉強させるか、という問題に答えを出すために開発されたテスト、MLAT（Modern Language Aptitude Test）のことです。国民の税金を使って外国語を勉強させるわけですから、外国語の適性のない人に勉強させてもお金の無駄です。そこで、できるようになる人とならない人を前もって区別する必要があったわけです。そのために、彼らは膨大なデータを集めた。それに複雑な統計処理をかけて出てきたのが、以下の3つの能力です。（もとは4つだったのですが、最近では3つにまとめる考え方が主流です。）

（1）言語分析能力（言語の文法や規則に関する敏感さ）
（2）音声認識能力（単に聞き取るだけではなくて、聞いた音声を頭の中で保持する能力も含む）
（3）記憶力（丸暗記をする能力）

この３つが優れていれば、外国語学習に成功する確率が高いということが言えます。

　様々な適性研究の結果を簡単にまとめると、① IQ と適性には重なりが大きいが、全く同じというわけではなく「言語学習」特有の適性がある、② 例外的成功者、いわゆる思春期を過ぎてから外国語学習に成功した人は、記憶力が非常に高く、記憶に頼る傾向がある、③ 適性と学習法をマッチさせると効果がある、ということになります。

　③は教育現場では大事なのでもう少し詳しく説明します。ある研究で、先程あげた（1）〜（3）の３つの適性の要素のうち、「言語分析能力」の高いグループと「記憶力」の高いグループに学習者を分けて、それぞれに、半分は文法中心のクラス、半分は暗記中心のクラスというふうに分けて教えてみたのです。すると、記憶力、暗記力の強い学習者は暗記中心のクラスの方が成績がよくなる。言語分析能力の高い学習者は文法中心のクラスの方が成績がよくなる。さらに、自分の適性に合った教え方だと、授業に対する好感度も高かったのです。これは教師が知っておかねばならないことだと思います。

　じつは適性研究は、応用言語学の世界では長いことあまり人気がありませんでした。その理由のひとつに、適性というのは差別的だ、という考えがあります。つまり、できる学習者、できない学習者といったように選別する、という考え方につながるからです。

　この考え方は一見正しいように思えますが、よく考えれば、学習者のためにはなりません。まず、適性というものは、一面

的なものでなく、多面的なものです。例えば、記憶力にすぐれた学習者が、音声認識にも強いとは限らない。教師は、学習者の適性における個人差に対応していく必要があるわけです。

これは、一斉クラスではなかなか難しいですけれども、最近は個別学習、例えばコンピュータを使って学習者の適性を測ってから、その人に合ったエクササイズをやらせるとか、さらには学習者の適性を考慮にいれた独自の学習プログラムを作る、というのは実現可能なことです。こういった、学習者の適性を考慮して教え方を変えることを「**適性処遇交互作用（Aptitude-Treatment Interaction = ATI）**」というのですけれども、これからは重要な概念になってくると思います。

ここまで本格的にできなくても、普段の授業の中でも適性について考えていくべきことはあります。例えば、学習者の中に音声認識能力が非常に低い人がいたとしましょう。この場合には、音声だけで授業をやったら、この学習者は落ちこぼれてしまうでしょう。そのような場合、文字で常に確認できるようにしておくとか、補助教材を家庭学習で聞けるようにしておく、などの工夫が必要となるでしょう。ひとつのやり方が全ての学習者にとってよいということはないのです。**様々な適性を持った学習者全員が、何らかの形で効果的な学習ができるよう、教師は細心の注意を払う必要があるのです。**

さらに、もうひとつ根本的に重要なのは、「外国語学習適性」というのは、「あるかないか」ではなく、「（相対的に）高いか低いか」です。適性の問題について知った一般の英語学習者がブログなどで、「自分は適性がない」といったことを書いて、

だから自分はできないと、あきらめることの理由づけにしてしまっているケースを目にしますが、それは誤解なのです。

さらに、すでに紹介した適性テストの代表格のMLATですが、これはもともと、学習のスピード、つまり、短期間（1学期、2学期間など）で早く上達するかどうかを予測するために作られたテストで、長期間続ける場合に当てはまるかどうかはまだはっきりとした答えは出ていません。また、外国語が超上級まで到達した学習者には、初期の段階では平凡な学習者だったケースも多いという研究報告もあるのです。うまくなる人が最初から習得が早いとは限りません。

日本のようなモノリンガル社会では、外国語ができるということが何か特別なことのように思われていますが、世界に目を向ければ、多言語話者の方がモノリンガルよりも数が多く（de Bot & Kroll, 2002）、バイリンガル、マルチリンガル社会はいくらでもあります。そのような社会では誰でも普通に2つ以上の言語をあやつります。例えば、これは文化人類学の研究になりますが、アマゾン地域のツッカーノ語（Tukano）を話すある部族では、必ず全ての人が第二言語、第三言語をしゃべるようになります。その社会のしきたりで、同じ言語をしゃべる人と結婚してはいけない、という決まりがあるからなのです。そういう状況では、結婚したいと思えば誰でも第二言語を習得せざるを得ません。外国語の習得は、「条件さえそろえば」誰でもできるのです。適性の高低は、習得が早いか遅いかを予測するものだということを押さえておく必要があるでしょう。我々の役割は、英語習得に必要な条件を整えてあげることなのです。

動機づけ（motivation）

　上で触れた、外国語学習に成功する学習者の特徴の中で、教師の側で変えることができるのが「動機づけ」です。その意味で動機づけの構造について理解しておくことは非常に大事です。例えば、なぜ日本人が英語ができないか、最初に母語の影響について説明しましたが、もうひとつの大きな理由は「必要がない」、つまり日本にいれば別に英語なんかできなくたって生活していける、ということがあります。もちろん最近は経済のグローバル化により、普通の人もなにかと英語は必要になってきているので、動機づけが高まると予測されます。楽天やユニクロといった企業が社内の公用語を英語にして、社員も外国人を多数採用するという実情は、日本にいても英語が普通に必要とされる社会が現実のものになりつつあることを示しているのかもしれません。

　それはともかく、動機づけ研究の中でよく使われる概念は「統合的動機づけ（integrative motivation）」と「道具的動機づけ（instrumental motivation）」です。この2つの考え方が初期の動機づけ研究の中心となっていました。まず「統合的動機づけ」ですが、簡単に言えば自分の勉強している言語の文化や、その言語を話す人々が好きか嫌いか、です。それに対して「道具的動機づけ」というのは、その外国語を道具として、何か他の目的達成のために利用したい、ということです。例えば「英語が入試にあるから勉強しないといけない」とか、「会社で

TOEIC手当や英検手当があって、TOEICの点数がいいと給料が月々いくら上がる」とか、そういったことのために英語を勉強する、ということです。

　動機づけ研究の始まった初期の段階では、このような実利的な動機よりも、統合的動機づけが重要だと言われていましたが、その後の研究では別にどちらでもかまわないが、動機が強ければよい、という理解が一般的になっています。また、最近は逆に、特に英語の習得に関して、「統合的動機づけ」とは何ぞや、という話になっています。つまり英語はすでに世界語になっているわけですから、「英語」イコール「アメリカ・イギリス・オーストラリアなどの英語が母語として使われている国」という単純な図式は成り立たない、という現実が出てきた。実際問題として、我々が英語を使う時、英語母語話者と話すより、そうでない人（例えば、中国人や韓国人）と話すことの方が多い、というような事情もあります。そのため、どちらかというと国際的なもの全般に興味があるというのが、外国語として英語を勉強している人の動機づけになってきたのではないか、というのが関西大学の八島智子さんが提案した考え方で、「**国際的志向性**（international posture）」と呼ばれています。これは、最近世界的にも注目されている提案で、我々教師にとっても非常に重要な考え方です。これからは昔のように、アメリカ、イギリスなどの欧米一本やりでなく、世界中の国との交わりを意識させることにより、学習者の動機づけを高める必要があるでしょう。

動機づけと学習の成果の関係

さて、動機づけの話を講演すると、聴衆の中から「日本の学習者は、道具的にせよ、統合的にせよ、動機づけは一般的に強いのに、英語ができるようにはならないのはなぜか」という質問がたびたび出ます。じつは、これは動機づけ研究自体がかかえる問題点とも関係した、非常に重要な疑問なのです。どういうことかというと、「動機づけが高ければそれですぐに成功につながるのか」という問題です。

第二言語習得研究において、統合的動機づけとか道具的動機づけとか論じる場合、こういう研究はどうやって動機づけの種類や強度を調べているのかというと、一種のアンケートを使っています。例えば、学期の初めにアンケートを実施して、「あなたはフランス人が好きですか」とか「あなたはフランス人と友だちになりたいですか」といった質問をたくさんするわけです。それについて「はい」が多い人は、フランス語学習に対して統合的動機づけが高い、といったデータに基づいています。このようなデータの持つ意味について、考える必要があります。

日本人の学生は、だいたい英語ができるようになりたいと思っているし、西洋的なものに対する憧れもあるし、英語ができれば入試や就職でも有利になるので、統合的動機づけも道具的動機づけもけっこう高いにもかかわらず、なぜ英語が伸びないのか、という問題です。その答えは、簡単に言えば、いくら動機づけが高くても、それが行動に結びつかなければだめだとい

うことです。つまりフランス人がいくら好きだって、それがフランス語を学習するという行動に結びつかなければフランス語が伸びなくて当たり前なわけです。これに関連した研究で、いわゆるアンケート調査による動機づけの高さと、教室における学習行動とどちらがより強く学習の成功に関係しているか、どちらがより成績を正しく予測するか、という研究があるのですが、やはり、アンケートによって調べる動機づけの強さよりも実際に教室で積極的活動をしているかどうかの方が、成績を正しく予測した、という結果が出ています。結局動機づけが成績を予測できるのは、動機づけが「学習行動」を引き起こすから習得に結びつくという、ある意味当たり前のことなのです。

　ですから、なぜ日本人の学習者は動機づけが高いのに英語ができるようにならないかというと、やはり学習行動に結びついていないからなのですね。漠然と英語はできるようになりたいと思っているけれど、必ずしも学習行動に結びつかない。その理由は様々でしょうが、ひとつには、どうやって効果的な学習行動に結びつけたらいいのか、そのやり方がわからないのだと思います。学習者のやる気をいかにして具体的な学習行動に結びつけるか、それを我々教師は手助けしていく必要がある。そういうことがSLAの動機づけの研究から言えるわけです。繰り返しますが、**学習者の動機づけを高めると同時に、その高まった動機づけが、行動につながるようにしていくことがとても重要なのです。**

　これに関連して、最近の動機づけ研究で注目されているのは、伝統的なアンケートによる動機づけ研究は非常に「静的な」動

機づけ観に基づいているという問題点です。つまり、学期の初めにアンケートをとって、それで学習成果を予測する研究というのは、それはあたかも学習者の動機づけはずっと変わらないことを前提としているようなものです。でも実際問題としては、動機づけというのはどんどん変わっていく。一学期の間でも、最初はやる気があった人が、一学期終わったらもうやる気がなくなっているということはいくらでもあります。逆に、途中で上がってくるということもあります。ですから、これまでのようなスタティックな動機づけ観ではなくて、もっとダイナミックな、動機づけはどんどん変わっていくという見方に基づいた研究も必要だ、ということが指摘されていて、実際そういった研究も増えてきています。

その一例として注目されているのが、タスクモーティベーションという考え方です。つまり統合的とか道具的とか、そういう比較的安定した動機づけだけではなく、どういうタスクだったら動機づけは高まるのか、そういった、学習活動に関連したものも見ていかなければならないだろうということです。面白い学習活動というものは、やっぱり学習者はやろうとするわけですね。つまらない活動ばかりさせても、それはやる気につながらない。やはりその辺が、「漠然とした」動機づけを、「具体的な」学習行動に結びつけていくための重要なステップになるのではないかと思います。ですからタスクモーティベーションという考え方を、我々は特に意識しておく必要があるでしょう。

以上をまとめると、まず、統合的動機づけ、道具的動機づけどちらでも、動機づけが高ければ習得に結びつく可能性が高い。

動機づけ

　動機づけのダイナミズムを例証する事例として、僕自身の広東語学習を紹介しましょう。アメリカのコーネル大学在職中に、香港の大学で２年間教えたのですが、いい機会だと思って、広東語の勉強を始めました。ところが授業に出てみると、まわりの学生はみなやけにできる。自分が一番下、という感じでした。そういう状況だと、なかなかやる気が起こらない。あまり楽しくない学習状況だと、動機づけが下がってしまうのを身をもって体験したわけです。あとから聞かされたのは、そのクラスは中国語（北京語）をすでに知っている人のためのクラスでした。

　また、「必要性」という意味でも、仕事上、英語と日本語ができれば、支障がなかったことも災いしました。新しい言語を習得するには、相当な時間を「投資」しないとできません。広東語学習に時間をかけていると、本来の仕事にかける時間が減ってしまうというジレンマもあります。以上のような状況で、香港滞在中に広東語を習得するという計画は失敗に終わりました。この「投資（investment）」という考え方は、SLA でも注目されています。

　ここから言えることは、①学習開始時の動機づけが続くとは限らない、②学習活動が楽しくないと動機づけは下がる、③十分な（時間的）投資をするに見合うだけの必要性がないと学習は続かない、ということでしょう。②はタスクモーティベーションの考え方に通じます。

しかし、実際にいくら動機づけが高くても、行動に結びつかなければ意味がない。つまり、**動機づけと外国語学習の相関があるのは動機づけが実際の具体的な学習行動に結びつくからであって、学習行動に結びつかないただの漠然とした動機づけだけではだめなのです。**漠然とした動機づけをいかに具体化して、学習行動に結びつけてやるか、というのが我々教師の重要な役割だ、ということになります。

＊

　最後に、学習者の動機づけを高めるための方策がのっている本として、ゾルタン・ドルニェイ（Zoltán Dörnyei）の『動機づけを高める英語指導ストラテジー35』（大修館書店）を紹介しておきます。これは SLA の研究成果だけでなく、彼自身のハンガリーでの英語教師としての経験に基づいているので、具体的方法が多数紹介されています。

SLA 研究からみた効果的学習法とは

　ここで、効果的「教授法」ではなく、「学習法」となっている点に注意してください。第二言語習得研究の結果明らかになった根本的に重要な視点として、「学習は学習者がするもので、教師が教えたものをそのまま全て吸収するものではない」というのがあります。教師がある方法で教えたとしても、学習者がそれにどう認知的に反応するかは、こちらの思った通りになるとは限らない。彼らは独自の認知方略を持っているし、さらに

個人によってもそれは大きく異なるわけです。ですから、我々教師は個々の学習者の頭の中で何が起こっているのか、授業プランを考える時にも、授業中にも、常に考えている必要があります。そしてその際の重要な指針になるのが、第二言語習得研究の知見なのです。

　では、効果的な学習法とは何なのか。以下の3つが主に考えられます。

（1）言語の本質に合った学習法
（2）言語習得の本質に合った学習法
（3）個々の学習者の特性に合った学習法

まず、第一に、言語の本質に合った学習が必要です。言語の本質とずれた学習法をしていては言語が使えるようにはならない。

　第二に、言語習得の本質に合った学習。言語のことはよくわかっていても言語習得とは何ぞやというのがわかっていなかったら効果的な学習はできない。これは、第二言語習得という学問分野の知識が必要だということです。

　僕は大学を出てすぐ高校教員になったわけですが、その時にどうやって教えたかというと、まさに自分が教わった通りに教えていました。文法訳読方式ですね。でも、それだけではよくないという意識はあるので、文法訳読方式をやる前にリスニングか何かをやって、お茶を濁していました。大学4年間にいわゆる英語教授法に関する教えはほとんど受けず、どうやって教えたらいいか、ほとんど何も教わらずに卒業したんですね。だ

から結局、自分が高校生の時に教わったようにしか教えられない。1年間教えて、これではいけないと思って、2年目に上智大学の夜のクラス（コミュニティ・カレッジ）で講座を取り、週に1回それに通いました。その頃は、英語教育の専門家である吉田研作先生が教えていて、H. D. ブラウン（H. D. Brown）の教科書、*Principles of Language Learning and Teaching*（邦訳『英語教授法の基礎理論』金星堂）——これは SLA の教科書の走りみたいなもの——を使って勉強したのですが、ものすごく面白かったのです。そこで読んだことを教室でいろいろ応用したりしながら、第二言語習得の世界にはまっていきました。

　我々はどうしても「経験」に縛られる。自分が今まで何をやってきたか、自分が今までどういうふうに教わってきたか、そんな感じで教え方を決めてしまう傾向にある。そういうものを打ち破るには、ある程度新しい知識を何らかの形で身に付けなければいけない。そういう意味で、言語習得の本質に合った学習というのはどのようなものなのかを知るために、第二言語習得という学問は欠かせません。これは、僕自身も経験から学んだことです。

　それから第三の「個人の特性に合った学習法」ですが、これは適性の話でも触れたように、例えば丸暗記が得意な人、文法学習が得意な人、視覚記憶が強い人や音声記憶が得意な人、などいろいろな学習者がいるわけです。そういう個人の特性に合った学習法が必要です。これは上でも述べたように全体指導、一斉指導の場合にはなかなか難しいのですが、個人差を考慮に入れて授業計画をたてることと、コンピュータなどを使った個

別指導を利用することにより、できるだけ個人の特性に合った学習法が保証されるよう、努力する必要があるわけです。

　ただし、ここでひとつ注意しておかなければならないのは、学習者が得意なことだけやらせていてもだめ、ということです。例えば、文法が得意だからといって文法だけやっていても英語ができるようにはならないし、音声が不得意だからといって、音声をやらないわけにはいかない。音声をやらなければ英語が使えるようにはなりませんから。簡単にいえば、個人の特性に合った学習法を重視するとともに、(1) と (2) の「言語」と「言語習得」の本質に合った学習が達成できるよう、得意でないこともある程度はしなければならない、ということです。

　では、次に「言語の本質に合った学習」と「言語習得の本質に合った学習」について説明します。

言語ができるとはどういうことか

外国語教育が目指す能力とは

　言語ができるというのはどういうことでしょうか。一般的に、応用言語学の世界で「言語ができる」というのは、「コミュニケーション能力（communicative competence）」があることだと考えられており、これが外国語教育が究極の目的とすべき言語能力だと考えられています。いくつかの提案がありますが、ここでは最も一般的なものを紹介しておきます。

（1）文法能力（grammatical competence）
　　― 音声・単語・文法の能力
（2）談話能力（discourse competence）
　　―2文以上をつなげる能力
（3）社会言語学的能力（sociolinguistic competence）
　　―社会的に「適切」な言語を使う能力
（4）方略的能力（strategic competence）
　　―問題が起こった時に対処する能力

　伝統的には単語と文法ができれば言語はできる、外国語はできると思われていました。それが（1）の「文法能力」、すなわち音声・単語・文法の能力ということです。言い換えれば、1文レベルならば正しい、意味の通じる文を作って言える能力、これが「文法能力」という考え方です。（「文法能力」という用語は、音声体系にも規則、つまり文法がある、という考え方に基づいています。）

　昔は、多くの人がこのような言語観を持っていました。つまり、（1）の「文法能力」があれば外国語ができると信じて教えていたわけです。実際、今でもそのように思っている一般人は多いでしょうし、英語教師のような専門家でもそのように思っている人はいるようです。しかし、実際には「文法能力」だけで外国語がうまく使えるようにはなりません。（2）の「談話能力」、すなわち2文以上をつなげて意味のある談話のまとまりを作る能力、それから（3）の「社会言語学的能力」、つまり社会的に適切なことばを使う能力がなければその言語を知ってい

ると言えないのです。アメリカで日本語を教えていた時、学生に「白井」と呼ばれることがよくありました。日本語で呼び捨てにされるとどきっとしますよね。でも、向こうには何の悪気もない。ただ単に日本語では目上の人を呼び捨てにしてはいけないという社会言語学的能力がない、それだけの話です。つまり、社会的に適切な言語を使う能力を身に付けないと、きちんと外国語を使えるようにならないということです。

　社会言語学的能力について、ひとつ面白いエピソードがあるので紹介します。僕が初めてアメリカに留学した1年目の頃、英語を話すのがけっこう大変で、「通じればいい」という感じで、上昇調で聞くイントネーション・クエスチョンを多用していたのです。つまり、Are you going to the party? の代わりにYou're going to the party? と言う方法です。するとある日、先生（マリアン・セルス＝マーシア（Marianne Celce-Murcia）という世界的に有名な応用言語学者）から、教授に話す時にはやや失礼になるから、ちゃんと正式な疑問文を使いなさいと言われたのです。「そうだったのか！」と思いました。このような知識は普通母語話者は指摘してくれません。でもじつは、失礼な表現を使って相手の気分を害し、知らないうちに失礼なやつだと思われている可能性もあるので、英語学習者にとっては非常に重要な情報なのです。どんなに文法的に正しくても、失礼な表現で相手の気分を害してしまっては元も子もありません。

　最後に、(4)の「方略的能力」というのは、何か問題が起こった時にうまく対処する能力のことです。例えば、次のことばが出てこない時に、well... umm... などといって時間を稼い

だり、単語が思いつかない場合に別の単語で言い換える（professor の代わりに teacher）、といったことです。このようなテクニックを「コミュニケーション・ストラテジー（communication strategy）」といいますが、これを使う力を方略的能力といいます。

＊

　以上の能力が全部あって初めて第二言語をしっかり使うことができるのです。これを全て教えるかどうか、またどの段階で何を教えるか、というのはまた次の問題ですけれども、少なくともこういう知識または能力があって初めて「外国語を使える」といえることだけは認識しておく必要があるでしょう。1980年代あたりからこういう考え方が主流になってきて、今では大体どこの外国語教育でもこういった能力を究極的目標にして教えているわけです。

単語と文法を習得すればいいのか

　外国語ができるということは、前述の(1)「文法能力」があるだけでは不十分だ、ということについてもう少し考えてみましょう。一般的には、単語と文法をマスターすれば、1文レベルなら正しい文が作れる、と考える人が多いのですが、じつはそれさえもあやしいのです。なぜなら、言語には規則で割り切れる部分と記憶に頼るべき部分があり、規則をいろいろ学んでも規則がどこまで適用できるかはあまりわかっていないからです。そのため、単語を覚えて文法規則にあてはめるだけでは非常に不自然な表現になる場合が多いのです。例えば以下の文を

コミュニケーション・ストラテジー ～filler あれこれ～

　英語を話している時、いろいろな理由で、次のことばが出て
こないことがあります。英語力の問題の場合もあれば、内容的
になんと言っていいかわからない場合、言いたくない場合、そ
れらの組み合わせの場合もあります。

　英語は、日本語よりも沈黙の時間（いわゆる間）が短い言語
で、沈黙が少し続くと、すぐに誰かがことばをつなぎます。そ
のため、話の途中でことばに詰まってしまうと、会話の流れが
途切れ、雰囲気が悪くなってしまうので、英語で話している時
は、ただ黙っているよりも、なにか「つなぎことば（filler）」
を入れるほうがいいのです。ただし、同じものばかり（例えば、
uh... uh... と繰り返す）だとまずいので、以下を組み合わせて
使うといいでしょう。

　well, uh, um, you know, let me see/let's see などが、つ
なぎことばとして使えます。極端にやればuh, well, I, uh, ...I'm,
uh, you know, ...um, ... といった感じで、しゃべっているうち
に次に言うことを考えることもできます。

　言いたいことはわかっているが、ずばりと切り出すには気が
引ける場合にも、well, um, I mean, you know などが使えま
すが、well を使うのがもっとも典型的です。日本語の、「あのー」
「そのー」に当たる表現。また、相手から何かを聞かれ、即答
を避けたい時は、「考えている」ことを伝える、(well,) let
me see/let's see が適切です。

見てみましょう。

- ・I wish to be wedded to you.
- ・I want marriage with you.
- ・My becoming your husband is what I want.
- ・I desire you to become married to me.
- ・I want to marry you.

さて、どれが自然な表現でしょうか。言いたいことはみな同じです。でも、I want to marry you. しか言わない。他の言い方は使いません。ここでのポイントは、最初の4つの文も、単語と文法の使い方については、どれも正しく何の問題もない、ということです。ところが、実際に使われるのは I want to marry you. だけです。なぜでしょう。こういうのは、母語話者は皆わかっているけれども、外国語学習者はなかなかわからないんですね。じつは、僕自身、高校を出て大学に入った頃はこんな奇妙な英語をしゃべっていました。高校では英作文をたくさんやらされますが、英作文というのは、知っている単語と文法を使って日本語を英語にするわけです。だから、こんな文を平気で作文したりしゃべったりしていたのです。なぜそういうことになるのか。単語と文法だけで十分だと思っているからです。

　大事なのは、文法規則だけで全てが割り切れるわけではないことをまず理解しておくことです。学習者の中で、言語とはものすごく論理的なもので、例外がないと思っている人がいます。そう思って勉強すると、例外が出てきた時に——特に理系の学

生に多いのですが——つまずくわけです。実際問題として、言語というものは非常にソフトなものなので、文法規則だけで全て割り切れないことをまず理解しておかないと、フラストレーションが溜まる。例えば、Hold your horses! というイディオムを聞いたことがあると思いますが、これは「抑えて、抑えて」みたいな感じですね。このイディオムは、じつは過去形では使えないのです。He held his horses. とは言えない。この例文をアメリカの大学の SLA の授業の時によく使うのですが、英語を母語とする学生は皆クスクス笑う。ノンネイティブの学生は「えっ、どこがおかしいの？」という感じです。一方、spill the beans というのは「秘密を漏らす」という意味のイディオムですが、こちらは過去形（He spilled the beans.）で使えますが、受身（The beans were spilled.）にすると変になり、ちょっと文学的な表現になります。これには「イディオム性（idiomaticity）」というものが関与していて、どれだけいろいろな構文でそのイディオムを使えるかという問題なのですが、その高さが個々のイディオムによって違うのですね。イディオム性が高いほど、限られた構文でしか使えない。hold your horses はイディオム性が非常に高いのです。こういう例を見ると、ある文法規則がどこまで使えるか、という問題はなかなか難しいことがわかります。でも、ネイティブスピーカーや英語の上級者は、どこまで使えるか知っている。これはなぜなのでしょうか。それについては、次の「言語習得の本質」のところで詳しく見ていきます。

言語習得の本質とは何か

　言語習得の本質については、「**インプット仮説（input hypothesis）**」と「**自動化理論（automatization theory）**」という2つの主要な考え方があります。「インプット仮説」は、ご存知の方も多いと思いますが、言語というのはインプットを理解することにより習得される、というものです。それに対して、「自動化理論」というのは、明示的知識を徐々に自動化していくことにより言語習得は起こる、というものです。どちらがより妥当な理論なのでしょうか。

クラシェンの「インプット仮説」

　まず、「インプット仮説」ですが、「インプット（聞くこと、読むこと）により言語習得は起こる」という考え方で、これは前出のクラシェンが提案したものです。彼は非常に極端な立場をとっていて、アウトプットは全く必要ない、話したり書いたりすることは言語習得には関係がないと主張しました。さらに、教室で文法を教えたりする明示的学習は発話の正しさをチェックする能力にのみ寄与するといいます。つまり、三人称単数現在（三単現）の動詞には -s をつけなければいけないということを知識としてわかっていると、自分で英語をしゃべっている時、三単現の -s を落としたとか、くっつけたとか意識したり、「今から三単現の動詞を言うからちゃんと -s をつけなきゃだめだ」とか頭の中で考えたりできる。そのように発話の正しさを

チェックする能力にのみ寄与する、こういう立場です。

　クラシェンは様々な証拠に基づいて「インプット仮説」を提案していますが、まずは沈黙期の話があります。多くの子ども（赤ちゃん）は言語習得（母語習得）の時、1語文、2語文、3語文と徐々に発話する文が長くなってくるのが普通です。ところが中には、なかなかしゃべらないために親が心配し始めるのだけれども、ある日突然長い文で話し出す子どももけっこういます。僕が聞いた話では、ある日本人の女の子が初めて言ったことばが、「お母さん、夕日がきれいだね」だったというんです。こういった子どもがいるということから、話すことそのものは言語習得、音声習得、文法習得といったことの必要条件ではないということがわかります。これが「インプット仮説」の証拠のひとつです。

　それからクラシェンがもうひとつあげているのは、いわゆる「理解優先の教授法（comprehension approach）」の圧倒的効果です。「理解優先の教授法」というのは、聞かせたり、読ませたりすることを中心にした教え方です。つまり、productionではなくて comprehension を中心に行うのです。リスニング活動を中心とする場合が多いので、「聴解優先の教授法」と訳されていることもあります。代表的なのが、**TPR**（Total Physical Response）で、日本語では「全身反応教授法」といいます。先生が外国語で指示を出し、それを聞いて生徒は動作をする、という教授法です。この教授法ではだいたい授業の7割がリスニングに費やされます。最初は先生だけが命令をしているのですが、慣れてきたら学習者の方が前に出てきて、先生

の代わりに他の生徒に命令をすることもあります。では読み書きはどうするかというと、授業の最後に、その日使った表現とか単語を黒板に書いて、それを生徒がノートに書き写す、ただそれだけです。そういう教え方をすると、リスニングに関しては普通の授業の3倍くらいのスピードで伸びる。授業の10パーセントくらいしかやっていないライティングやリーディングの力も伝統的な教授法に劣らない、という結果が出ています。

　また、**イマージョン教育**というのも「理解優先の教授法」のひとつです。簡単に言えば、外国語を教えるのでなく、いろいろな科目を「外国語で」教えるのです。フランス語や英語を教えるのではなく、フランス語や英語で「教科」を教える、ということです。カナダのイマージョン教育が有名で、例えば小学校1年生から6年生ぐらいまで外国語で教科を教えると、最終的に母語話者と聴き取り能力においては差がないくらいになる。母語話者と差がないということ自体が外国語教育においては驚きです。日本でも、加藤学園とか、群馬国際学園などが英語イマージョンをやっていますが、かなりの英語力が付いているようです。

　以上のような証拠に基づいて、クラシェンはインプットが外国語学習、第二言語習得の最も重要な要素であるという主張をしています。

インプットだけで習得できるのか

　しかし、本当にインプットだけで習得できるのでしょうか。クラシェンはこのインプット仮説に基づいて、ナチュラル・ア

プローチ（Natural Approach）という教授法を提案しています
が、このナチュラル・アプローチを使ってタイで英語を教えて
いた人の報告によると、いくら待っても生徒たちが話し始めな
いで、いつまでも聞いているというんですね。クラシェンに言
わせると、「**理解可能なインプット（comprehensible input）**」
を十分に与えていれば自然に話すようになる（Speech will
emerge.）はずなのですが、必ずしもそうではないようです。
なぜなのでしょう。

　この問題に大きな示唆を持つ研究として、テレビを見て育っ
た子どもについてのケーススタディがあります。両親が聴覚障
害者でことばを話さなかったため、主にテレビを見て母語（ア
メリカなので英語ですが）を習得していたその子は、ケースワ
ーカーが詳しく調べてみたら、テレビや、人の言うことは理解
できるが、しゃべらせてみたら文法がかなりおかしかった、と
いうことでした。これは、聞いているだけではだめだというこ
とを示唆しています。

　また、「**受容バイリンガル（receptive bilingual）**」のケースも、
インプットを聞いているだけでよい、という仮説に疑問を投げ
かけます。受容バイリンガルとは、第二言語を「聞いて理解す
ることはできるがしゃべれない」というバイリンガルのことで、
アメリカへの移民の子には、非常に多く見られます。例えば両
親が日本人で、子どもを日英バイリンガルに育てようとしてア
メリカに移住した場合、子どもは英語を普通にしゃべれるよう
になりますが、親の言語（日本語）は聞いてわかるけれども自
分ではしゃべれない、というケースです。なぜこのようなこと

が起きるのでしょう。

やはり子どもは必要性の低い言語はしゃべりたくないということです。つまり、アメリカ社会の主流の言語は英語ですから、日本語はしゃべる必要性が低い。また、子どもにとって重要なのは、友だちのことば、いわゆる同年齢集団（peer group）のことばで、親の言語はさほど重要ではない、ということもあります。

アメリカへの移民の場合、子どもに親の母語を保持させるのはけっこう難しいので、親の方もいろいろな手を使います。ひとついい方法だと言われているのが、親が英語がわからないふりをすることです。親が英語を理解できなければ子どもは親のことばをしゃべらざるを得ません。だから、この方法で親のことばを保持しようとする人もいます。ところが、親がある日、友だちからの電話に出て英語でしゃべってしまったところ、その子はそれ以降親に対して英語でしゃべり始めた、という話があります。そういう子どもは自分の母語については、聞いて理解することはできるが、しゃべれなくなり、おそらく「受容バイリンガル」になってしまうでしょう。そうならないためには、日本語で話す友だちが必要なのです。

インプット＋「アウトプットの必要性」がカギ

以上の２つの話、つまり「インプットだけで習得できる」という話と、「インプットだけでは習得はできない」という話は矛盾しますが、どう考えたらいいのでしょうか。まず、インプットが非常に重要だということはわかります。聞いているだけ

でずっとアウトプットしていなくても突然長い文で話し出す子もいるわけですから。この場合の子どもというのは母語習得だけではなく、外国語を習得する子どもも同様で、例えば海外駐在員の子どもなど、親と一緒に外国に行った子どもが、ずっと黙っていたのにある日突然しゃべりだす、というのはよく観察されています。第二言語習得でもよくあるわけです。

では聞いているだけでは習得できないのはなぜでしょうか。上の2つの事例、つまりインプットだけでは習得されない事例——テレビだけのインプットの例、受容バイリンガルの例——の共通点は何でしょう。このどちらにも言えることは、「インプットは十分にあるが、アウトプットの必要性がない」ということです。

クラシェンが言うように、アウトプットそのものはなくてもいい。実際に話さなくてもいいのです。なぜなら、実際に口に出さなくても頭の中で話すことはできるわけですね。リハーサルです。そうすることによってだんだんしゃべれるようになってくるということです。(母語でも第二言語でも、突然完全な文をしゃべり出した子どもたちは、それまでは頭の中でしゃべっていたはずです。)

僕自身の例ですが、高校教師をやめて、アメリカに留学した最初の学期、寮に入って、まわりに日本人が見当たらず、話し相手が英語話者（これはネイティブの場合もあるし、ノンネイティブの場合もある）だけだったことがありました。ここで面白い経験をしたのですが、人間というのは、その日にあった面白いこと、腹が立ったこと、悲しかったことなど、人に話した

いわけです。日本に住んでいれば、話し相手は日本人なので、日本語で話します。ところがまわりに日本人がいない状況におかれて、人にしゃべりたいことを、頭の中で英語で言っている自分に気づいたのです。(これが「英語で考える」ということなのかな、とその時思ったんですが、まあ、英語で考えるというのはこれだけでなくその他にもいろいろな形態があります。)また、もう少し意図的なものでは、例えば教授に会って何かを相談する時に、こう言おう、と頭の中で言ってみる。こんなこともしばしばです。それからディスカッション中心の授業中には発言することをまず頭の中で言ってみて、それから発言することもあります。授業時間は限られているので実際には言えないまま終わるケースも多いですが。

　以上はわりと意識的な内的アウトプットですが、意識にも上らないような感じで頭の中でグルグル回っているというようなこともあると思われますし、その中間のような場合もあるでしょう。このような意識的、無意識的なアウトプットをひっくるめて、リハーサルと呼ぶことができます。このリハーサルがあるかないかが、インプットだけで習得に結びつくかどうかの分かれ目になると考えれば、インプットだけで習得できる場合(突然完全な文を話す子ども)と、インプットだけでは習得できない場合(受容バイリンガル)の違いを説明することができます。

なぜインプットで言語習得ができるのか

　では、なぜインプットで言語が習得できるのか。先程の、I

want marriage with you. などの、単語・文法的には正しいが、実際には言わない文をなぜ母語話者はおかしいと思うのか、という疑問に対する答えがこれなのですが、これは、いわゆる「予測文法（expectancy grammar）」が身に付くからであろうと言われています。我々は日本語にしろ、英語にしろ、大量の文を聞きます。例えば「昨日、ニューヨークから成田までANAで＿＿＿。」という日本語の文を聞いたら、「飛んだ」とか「来た」とか、当てはまる動詞がすぐに思い浮かびます。逆に、「死んだ」などという動詞は思い浮かびません。英語でも、I gave him ＿＿＿. と聞いたら次に何が来るかすぐに思い浮かぶ。これは母語話者でも、ある程度外国語ができるようになった非母語話者でも同じです。つまり、次に何が来るか、ある言語ができる人は瞬時に、無意識的に予測しているわけです。このような予測する知識は、インプットを大量に聞いて理解することによって身に付き、また、その方法でしか身に付かない。I wish to be wedded to you. という文がおかしいと思うのはそういう文（またそれに似たパターーンの文）を聞く頻度が非常に低いからです。

　最後に付け足しますと、インプットの重要性を考える時、特に注意すべきは、いくらインプットを聞いても、意味がわからないものを聞いていたらあまり効果はないであろうということです。理解可能なインプットが習得の必要条件だとクラシェンも強調しています。それは、予測文法という能力が、意味と形式をリアルタイムで理解・処理していかなければならない言語使用を続けた結果の産物だからです。言語を使う、ということ

はかなりのスピードで聞こえてくる音の流れに意味や構造を瞬時に結びつける、という非常に困難なことをやらなければならない。それには、意味を理解した上で言語音を聞かなければ、本当の意味での言語能力、すなわち予測文法は身に付かないわけです。ですから、聞き流しているだけではだめなのです。ちまたにある「聞き流し教材」は意味が理解できるような工夫がしてある場合が多いので、学習者によってはそれなりに効果も出るのでしょう。

自動化理論

　さて、言語習得の本質についてのもうひとつの理論は、「自動化理論」です。日本の伝統的な英語教育・学習法というのはこの理論に基づいていると考えていいでしょう。つまり、最初に明示的知識を身に付け、それを練習することによって、徐々に徐々に自動的に使えるようにする、という考え方です。例えば、三人称単数現在の -s に関するルールを授業で教わり、いちおう知識としては身に付いたとします。ところが実際、話す時に使えるかというと、そう簡単にはいきません。He drive his car to work. とか言ってしまいます。ただ、ここで、三単現の -s のルールを明示的知識として知っていれば、言った後で、「あ、いま -s を落としてしまった」と考えたり、意識してそこに -s を入れるようにすることはある程度できます。このように、意識的に三単現には -s を付けようと努力し続ければ、徐々にできるようになる、という考え方です。ゴルフのスイングや、車の運転なども、最初に知識として教わり、その後練習するこ

とにより、自動的に正しい動きができるようになる、というのと同じことです。

　もちろん、言語学習にもそういう側面はあります。ただ、言語習得理論としての自動化理論の限界を、我々は外国語教師として押さえておく必要があります。まず第一に、「複雑な言語ルールを全て明示的知識として習得するのは不可能」という問題があります。例えば、日本語の「は」と「が」の使い分けは、多くの言語学者が過去何十年と研究していますが、まだ完全に解明されてはいない。そのようなものはいくらでもあるわけです。それを全て学習者にまず明示的知識として身に付けさせて、それから徐々に自動的に使えるようにさせていくのは、これは実際問題として不可能です。また子どもが母語習得において、そんなことをしているとは思えません。

　第二に、ルールとしては簡単に頭で理解できても、そのルールを必ずしも使えるようにはならないという問題もあります。つまり、自動化そのものに限界があるのです。例えば、三単現の -s のルールは頭でわかっていて、またそれをずっとコミュニケーションの中で使っていてもなかなか完璧に使えるようにはならない。ルールを意識してそれを使おうとしても、そこには限界があるわけです。

　以上のような意味で、自動化理論というのは母語習得の理論としては破綻していると言っていいでしょう。ただし、第二言語習得においては、この自動化理論というのはある程度有効だということも我々は押さえておく必要があります（これについては47ページの (2) にまとめました）。

ということで、言語習得のメカニズムとして、「インプット理論」はL1（母語）、L2（第二言語）ともに有効であると言えます。34ページに並べた5つの文について、単語・文法の使い方はどれも正しいのに、I want to marry you. だけが自然な文だという話をしましたが、たくさん英語の文を聞いたり読んだりしているうちに、こういうものは言うし、こういうものは言わない、という知識——単語とどういう表現・構文の組み合わせが可能か、またどういう組み合わせがよくあるのかという情報——が暗示的な知識として身に付いてくるわけです。つまり、母語話者や英語ができる非母語話者は、文法的に正しいか正しくないかだけでなくて、どの程度よく聞くかということも含めて全てを頭の中に知識として、予測文法として蓄積しているわけです。読者の皆さんも日本語では（ほぼ）完璧に蓄積されています。ところが、外国語においてはそれがなかなか難しい。なぜかというと、まず、聞く、読む量が圧倒的に少ない。さらに、「母語のフィルター」としてすでに触れたように、L1の影響もあって、ちゃんと処理できないわけです。例えば、-s などがそれにあたります。三単現の -s とか複数形の -s など、母語にないものは処理しないで次に行ってしまう。

＊

　まとめると、インプット理論は、母語習得にも第二言語習得にもあてはまる。一方、自動化理論の方は、母語習得に関してはあまり関係ない。ただし第二言語習得に関しては、ある程度有効であろう。というわけで、外国語学習においては、インプット理論と自動化理論の両者を最大限に利用するべきである、

というのが結論です。問題になるのは、インプットにどれだけ力を注ぐか、自動化理論的な学習にどれだけ力を注ぐか、それを我々は常に教師として、意識していかなければいけない。考えなければならないことは、我々が両者を最大限に利用しているかどうか、ということです。実際問題として、あまり有効利用していないであろうと思われるのが、インプット理論です。実際に日本の英語教育は、ほとんどが自動化理論に基づいていて、インプットが圧倒的に不足しているわけです。さらに、自動化の部分はあまりやらないので使える英語が身に付かない。この点については、さらに第2章以降で論じます。

　第二言語習得のメカニズムをまとめると、

(1) 言語習得はかなりの部分がインプットを理解することによって起こる。
(2) 明示的知識を身に付けた上での意識的な学習は、
　a. 発話の正しさをチェックするのに有効である。
　b. 自動化により実際に使える能力にも貢献する。
　c. 聞いているだけでは気づかないことを気づかせ、(1) の自然な習得を促進する。

ということになります。この c. は、「気づき (noticing)」と言われていて、かなり注目されています。外国語を聞いたり読んだりしているだけでは気がつかないようなルールとか、情報とかがあります。例えば、日本語の例で言うと、「おばさん」と「おばあさん」という語がありますが、これはアメリカ人にと

っては非常にわかりにくくて、同じに聞こえるのですが、意味的には大きく違います。これを学生に「『おばさん』と『おばあさん』は違うんだよ」、と何度も教えてあげると、次から聞こえるようになるかもしれない。やらないより、聞こえるようになる可能性は高いです。英語でも不定冠詞のaとanの違いがありますが、これも全然教えなければ、なかなかanというのは聞こえるようにはならない。でも最初から学校でaとanの違いを教えれば、聞こえるようになる可能性が高い。つまり、聞いているだけでは気づかないことを気づかせて、さらに気づいたところで今度はインプットすると、(1)のインプットを理解するという言語習得の本質的なプロセスにもう一度寄与するわけです。そういう意味で、生徒に何かを「**明示的に教えること（explicit teaching）**」も大事だ、ということが言えます。

まとめ

　以上、第1章では、これまでに第二言語習得研究で明らかにされてきたことについて、英語教師が最低限の知識として持っているべき内容をまとめてみました。日々の授業にすぐには役立たないと思われるものもあるかもしれませんが、それらは授業過程、学習過程を考えていく上で、背景知識として知っておかなければならない原理原則のようなものです。より効果的な英語教育を進めていく上での基本的知識として、毎日の実践、授業過程、また自分が教える学習者の学習過程を考える上での

指針になるでしょう。

　第2章では、このような原理原則をふまえて、現在の日本の英語教育のあり方、またこれからの方向性などについて、私見を述べたいと思います。さらに、第3〜5章では、より具体的に個々の現場に関して、SLAの観点からみた進むべき方向性を考えてみたいと思います。

●参考文献

de Bot, K. & Kroll, J.（2002）. Psycholinguistics. In N. Schmitt（Ed.）, *An introduction to applied linguistics*（pp. 133-149）. London: Arnold.

清水崇文（2009）『中間言語語用論概論——第二言語学習者の語用論的能力の使用・習得・教育』スリーエーネットワーク.

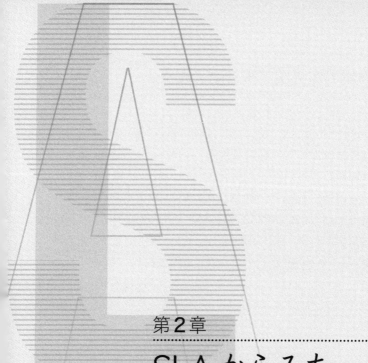

第2章

SLA からみた
日本の英語教育

現状とこれから

効果的な外国語学習法・教授法

　1960年代に誕生した第二言語習得研究は、それまでの「外国語学習法・教授法」の常識を変えました。この章では、まず、SLA以前と以後で、外国語教育への見方がどのように変化したのかを紹介します。その上で、SLAの視点から効果的な外国語教育とはどういうものかを一般原則として検討し、特に言語教育に影響の大きい最近の研究課題について紹介します。最後に現在の日本の状況と、今後の方向性を論じます。

　まず第1章で紹介した言語習得のメカニズムに基づいて「効果的な外国語学習法・教授法」とは何かをより具体的に考えてみましょう。

オーディオリンガル教授法 （オーラル・アプローチ）とは

　外国語教授法と言語習得理論の関係ですが、外国語教育に本格的に言語科学が影響を与え始めたのは第二次大戦の頃だと考えてよいと思います。そして、その頃から、「オーディオリンガル教授法（Audio-Lingual Approach）」が正しい教授法だと考えられるようになりました。オーディオリンガル教授法は日本では「オーラル・アプローチ」と呼ばれていました。パタンプラクティス、例文暗記などを通して、様々な言語構造を口頭

でドリルさせる学習法です。この方法はある意味では効果的なのですが、一番の問題は意味を考えずにドリルができてしまうところです。例えば、よく使われるドリルに「否定文を作れ」というのがあります。I walked to the hospital. → I did not walk to the hospital. とするわけですが、文の意味を全然考えなくてもできてしまいます。walk, hospital, the などの単語の意味を知らなくてもできるし、知っていても考えないでできてしまう。そういう点で、本質的言語習得のプロセスから外れているわけです。もちろんオーディオリンガル教授法が全く役に立たないというわけではありません。オーディオリンガル的な、意味を考えないでもすむドリルだけでなく、意味を考えないとできないような活動をするところまでもっていければ、一定の効果が期待できます。しかし、必ずしもそうはならなかった。

　さて、当時なぜオーディオリンガル教授法がよいとされたのでしょうか。簡単に言えば、第二言語習得という学問がまだなかったからです。その当時の学問で、第二言語学習に関して一番近接的な学問は言語学と心理学だったわけです。そして、言語学の方から言語理論を持ってきて、心理学の方から学習理論を持ってきて作られたのが、オーディオリンガル教授法です。そういったトップダウンのやり方で、外国語はこういうふうに学習したらいいだろうという、いわば机上の空論だったのです。なぜそれがまずいかというと、言うまでもなく、「学習者が実際にどう第二言語を習得するか」というデータを全然見ていないことです。だから案の定、実際に現場にそれをあてはめてみても、あまり効果が上がらなかった。また、学習者からデータ

をとって検証をしてみても、その理論の予測通りにはならなかったのです。

SLA 研究の誕生と重要な発見

　初めて第二言語学習者の言語データを体系的に見始めたのが「第二言語習得（Second Language Acquisition ＝ SLA）」という学問分野なのです。ピット・コーダー（Pit Corder）という人が「誤用分析（error analysis）」の理論的重要性を強調し、さらに誤用だけでなく、正用も含めて学習者の言語全体をみる「中間言語分析（interlanguage analysis）」と呼ばれる実証研究を通して、学習者のデータを見始めた。これは1960年代のことです。これが SLA という学問の始まりだと言われています。第二言語学習者のデータを見始めたことが根本的なターニングポイントであり、それからずっと SLA の研究者は学習者のデータを見続けているわけです。

　SLA 研究によってどんなことがわかったかというと、先にも触れたように、「習得順序研究」を通して、「どういう順序で教えても、習得する順序はあまり変わらない項目が多数ある」ということ、例えば「三単現の -s は普遍的に難しい」ということがわかってきたのです。三単現の -s は中学 1 年生で教えますから、生徒はすぐに習います。でも、なかなかできるようにならない。すると、例えば中学の先生などは三単現の -s ができない生徒に「三単現の -s を昨日教えたのにできないじゃな

54

いか」と言ったりした。生徒は、自分は何でできないのだろうと落ち込む。で、英語嫌いになってしまう。そういった子もたくさんいたわけです。でも、そういう、教えればどんな内容でもすぐに身に付くはずという考え方自体が間違っているということを、SLA 研究が明らかにしたわけです。つまり、習得順序というものがどの程度確固たるものかということは別にして、教えたからといってすぐにできるようにはならない、易しいものと難しいものがある、ということを明らかにしたことが、第二言語習得の外国語教育に対する一番重要な貢献ではないかと思います。

　あともうひとつ重要な知見は、上記と関係しているのですが、「知っているのに使えない知識」があるということです。例えば三単現の -s は英語の教師はみな知っていますけれども、英語でしゃべる時にはもうバンバン落としますよね。知識として知っているのになぜ使えないか。それは第 1 章で説明した「自動化」のレベルが足りないのか、それとも、クラシェンの言うように、インプットを処理することによる自然な習得プロセスで習得しないと使えないのか、はまだわかっていませんが、どちらにしろ、明示的知識を持っているだけではだめで、実際に使える知識を増やす必要があります。

　それで、実際に使える知識を増やす上で、「**コミュニカティブ・アプローチ**（communicative approach）」が重要になるわけです。最初から言語をコミュニケーションの手段として使う（必ずしも最初からでなくてもいいのですけれども、普通は最初から使います）。「コミュニケーションの手段」というのは、イン

プット（リスニング、リーディング）の場合もありますし、ア
ウトプット（スピーキング、ライティング）の場合もあります。
コミュニカティブ・アプローチを語る上で、これはあまりはっ
きり区別されないことが多いのですが、注意しなくてはいけな
いので、もう少し詳しく説明します。

インプットかアウトプットか？

　さて、ここからは、教育への応用に関わる SLA の研究課題
についていくつか紹介したいと思いますが、一番大事なのは、
「インプット対アウトプット」の問題でしょう。コミュニカティ
ブ・アプローチといっても、インプット中心のものと、アウ
トプットも重視するものがあり、それぞれを「インプットモデ
ル」と「インプット＝インターアクションモデル」として区別
することは重要です。インプットモデルの教授法は、上で述べ
た理解優先の教授法や、クラシェンのナチュラル・アプローチ
ですが、聞くことを優先し、特に初期の段階ではアウトプット
は強制しません。それに対し、インプット＝インターアクショ
ンモデルでは、最初から話すことを活動の重要な要素としてい
ます。イギリス系のコミュニカティブ・アプローチや、最近で
はタスク中心教授法がこの例です。

　SLA 理論でいえば、古くはクラシェン、最近ではビル・バン
パタン（Bill VanPatten）がインプット派です。クラシェンは
第二言語習得の一線からとうの昔に去っているので、最近はい

わゆるインプット派というとバンパタンになります。それに対して、インプットだけでなくアウトプットも必要だと言っているのがメリル・スウェイン（Merrill Swain）という学者です。

　ここでひとつ強調しておきたいのは、SLA 研究者の間で、インプットが言語習得の必要条件であることに異論を挟む者はいない、ということです。これは、「アウトプット仮説（output hypothesis）」を提唱しているスウェインもはっきり言っています。つまり、まずインプットは必要条件である。そこはみな一致しています。一方、アウトプットの役割や、アウトプットがどのくらい役に立つかという問題には議論があるのです。

　現在の争点は、文法習得はインプットのみによって起こると言っているバンパタンのような立場と、スウェインのようにアウトプットが必要だという立場の対立、またさらに、アウトプットの役割はどのようなものか、という問題です。

インプット仮説の「落とし穴」

　インプットの重要性に異論はないにしても、ひとつ注意すべきは、クラシェン流のインプット仮説の「落とし穴」を我々は意識しておかなければいけないということです。もちろんインプット理解が言語習得のカギになるというのは非常に重要な考え方です。インプットを理解可能（comprehensible）にするには、言語外の情報、背景知識などを使えばいい、とクラシェンは言っています。例えば、生徒に何か理解させるのに、全く興

味がなさそうな話題よりも、生徒たちが知っているような話を
してあげた方が、言語外の情報とか背景知識とかを使ってイン
プットが comprehensible になる可能性が高い。全く理解不能
だったら習得は起こらないのですから。

　でも、これにはちょっと落とし穴的なところがあって、逆に
言えば、インプット理解は、文法処理をしなくてもできてしま
うことが多い。これは、インプット派のバンパタンもアウトプ
ット派のスウェインも言っていることですが、例えば、

　　Yesterday John walked three miles.

という文を考えてみましょう。この文は文頭に Yesterday があ
るので、この文の意味を理解するためには、過去形の -ed はわ
からなくても全然問題がない。つまり、-ed を処理する必要が
ありません。第二言語学習者というのは、まず単語を処理する
ということがある程度わかっていて、このような文を聞いて
も、-ed は処理しない傾向がある。ではどうすればいいか。

　　Today John walked three miles.

だったら、Today だから、これはやはり過去形の -ed を処理し
ないとわからない。もしくは、

　　John walked three miles yesterday.

と、yesterday を文末に持ってくれば、-ed もある程度処理さ
れるでしょう。このように、文法処理が必要な文を処理させな
ければ、文法は習得できないというのがバンパタンの考え方な

のです。つまり、クラシェンが言っているような、内容理解だけしていればいいという考え方だと、文法形式は処理されず、習得に結びつかないかもしれない、ということですね。以上のように、我々はクラシェン的な考え方の落とし穴に注意をしておく必要があります。学習者は「意味的な処理（semantic processing）」だけで止まってしまう傾向がある。だから、学習者に「統語的な処理（syntactic processing）」、つまり文法的な処理をさせるためにはどうすればいいかを、教師は考えなければならないのです。

　では、文法処理をさせるには、どうすればいいか？　スウェインの考えは、アウトプットをさせればいいということです。なぜなら、内容理解のために聞くだけだと、単語さえ聞き取れていれば大体の意味がわかることが多いので、細かいところまで注意がいかない。ところがしゃべるとなると、細かいところまで注意がいっていないと言えないということに気がつきます。だからアウトプットさせることは、学習者を意味的なプロセスから文法的なプロセスにまでもっていくための手段だとスウェインは主張しているのです。（基本的には「読むこと（インプット）」と「書くこと（アウトプット）」の関係も同じです。）

　バンパタンの意見はそうではない。バンパタンは「文法処理が必要なインプットの処理」をさせなければだめ、アウトプット練習は有効ではないと言っています。このあたりはまだ結論が出ていませんが、どちらも重要な指摘です。基本的には、**インプット理解をいかに効果的に文法習得に結びつけるか、という問題意識**として考えていく必要があるということでしょう。

アウトプットの効用

　スウェインによると、アウトプット（ここでは特に話すこと）の効用というのは、以下の３つがあるといいます。

　　（1）自分の英語のギャップ、つまり自分はどこが言えないか
　　　　について気がつく。
　　（2）相手の反応をみることにより、自分の英語が正しいかど
　　　　うか、通じるかどうか、仮説検証ができる。
　　（3）学習者が、自分やお互いの言語について、コメントした
　　　　り話したりすることにより、言語に関する意識（メタ知
　　　　識）が高まる。

（1）は、既に述べたように、聞いているだけだと、内容だけに集中して聞いていれば理解はできるので、自分はどこが「言えない」かがわからない。だから話させてみると、自分の英語力のギャップに気がつくということです。（2）は自分の英語が相手に伝わるかどうかで、自分の英語が正しいかどうか試せるということです。それから（3）については、アウトプットしている最中に、特にグループワークにおいて、学習者自身が「ここは -s がないな」とか「ここは -ed が必要だな」とか言います。そのことからも、アウトプットをすると言語の形式に意識が向くことがわかるわけです。
　日本の現状では（1）が一番重要なのではないか、と思われま

す。(2)については自分より英語ができる人を相手にして話さないと、うまく検証にはつながらないという難点がありますし、通じたからといって、正しい形を言っているとはかぎりません。また(3)については、すでに日本の現状では形式の正しさに注意が向きすぎている傾向があるので、話している最中にさらに形式についてコメントする必要もあまり感じられません。

　アウトプットの効用については、上で取り上げたスウェインによる3点以外に、「アウトプットは自動化につながる」という指摘があります。知識として持っていてもなかなか口から英語が出てこない場合はたくさんあります。ですから、アウトプットさせることによって、自分が持っている知識をスピードをつけてつなぎ合わせることができるようになるということです。中級の学習者、つまりゆっくりなら文が作れる、という人にとっては自動化のプロセスは重要だと思います。

　しかし、これまでの研究でアウトプットそのものが言語習得につながったという結果はあまり出ていない、ということを我々は頭に入れておいて損はないと思います。まあ、当たり前のことと言えば当たり前のことで、アウトプットという活動はすでに自分の頭の中に入っている知識で何かするということで、新しいものは何もアウトプットからは生まれないわけです。インプットすることによってのみ、新しい知識が入ってくる。その意味では、**インプットがより効率よく習得につながるように、アウトプットを適切に学習過程に組み入れていくという考え方が重要なのです。**

インプットとアウトプットをどう組み合わせるか

　Gass & Alvarez Torres（2005）の実験は、どのようにインプットとアウトプットを組み合わせたら学習効果が出るのか、という問題に取り組んでいます。インプットを先にやってアウトプットをやった方がいいのか、アウトプットを先にやってからインプットをやった方がいいのか。

　結論から言うと、アウトプットをやってからインプットをやった方がいいようです。なぜかというと、アウトプットをやってみると、自分がどこが言えないかがわかり、その後にインプットが入ってくると、そこのギャップに正しい形が入ってきて、「ああ、そうなのか」となります。つまり先に述べた、自分の英語のギャップに気づく、というアウトプットの効用（1）です。ここから言えることは、我々は学習者にアウトプット活動をさせたら、そこで終わりにするのではなくてもう一度そのあと強化（consolidation）のような形でインプット活動をやるべきだ、ということになります。インプットしなければ新しい知識は入りませんから。ですから、原則として一番効果的なのは「インプット → アウトプット → インプット」でしょう。個々の授業のフォーカスによっても違いますが、この順序（sequence）は重要だと思います。

　このような説明をすると、「では、結論として、インプットもアウトプットも大事なのではないか」とよく言われます。まあそれはそうなのですが、それだといかにも当たり前なので、

最近は誤解を受けないように、「大量のインプットと少量・適量のアウトプット」という表現を使うようにしています。大量にインプットを与えてアウトプットは少しでもいいから頻繁に行う、もしくはアウトプットはしなくてもいいから「アウトプットの必要性」だけは高めておく、ということです。例えば、先生が英語で何か話している時、学習者が30人いたとします。30人全員に質問することはできませんが、30人誰もが自分にあたる可能性があって、少なくとも頭の中で答えを言う（つまりリハーサルする）ような状況を作ってやれば、学習者にとってはそのインプットがより活性化したものになる、ということです。（もちろんそれも実際にはどうなのかを実験で調べなければならないのですが。）実際にアウトプットさせることが不可能でも、「アウトプットしなきゃいけない」と学習者が思っていて、そういった知的プロセス（すなわちリハーサル）を頭の中で踏むということが大事なわけです。

　もちろん可能な場合はインプットだけでなくアウトプットもさせた方がいい。なぜかというと、アウトプットさせることにより「アウトプットの必要性」が高まるからです。ただその場合も第1章で述べたようなアウトプットの弊害を意識してやる必要はありますが。

　また、インプット理解中心でいくと、意味処理に偏ってしまって、文法処理がおろそかになってしまうという問題については、58ページでも述べたように、文法処理が必要な文（Today John walked three miles.）を処理させることが有効です。また、アウトプットをさせてギャップに気づかせるとともに、明示的

な知識を与える、つまり文法を教えることも、役に立ちます。例えば、過去形の -ed を教えることにより、walk の後の /t/ の音がより聞こえるようになる、ということです。

日本の現状

さて、以上のような第二言語習得の知見に基づいて、日本の英語教育・学習の現状を分析してみたいと思います。まとめると、以下のようになります。

（1）理論が自動化モデルに偏り、しかも自動化の訓練が不足
（2）インプットの質・量ともに不十分
（3）意思伝達よりも正確さを重視

上記 3 点の主たる理由として考えられるのは、「誤った英語学習理論」、「不十分な英語教員養成システム」、「正確さを過大に重視した入学試験」、の 3 点です。以下、SLA の視点から、順を追って現状を解説し、今後どのような方向に進むべきか見ていきましょう。

自動化モデルの英語教育

日本人は英語ができないとよく言われますが、それにはいろ

いろな理由があって、すでに触れたように、①英語との距離、②学習行動に結びつくだけの「必要性」がないという意味での動機づけの低さ、というのがあるわけですが、やはり、③学習法・教授法の問題、というのが当然あるわけです。この③は、簡単に言えば、日本の英語教育は自動化理論に基づいている、ということです。文法訳読方式をSLAの観点から見ると、考え方としては自動化理論に基づいたモデルです。明示的知識をまず教え、それを練習によって自動化する、ということです。ただし、**自動化の部分はやらない場合が多いのです。**ですから、いつまでたっても使えるようにならない。ある意味では「コミュニケーションとしての外国語」でなく、「知識としての外国語」を教えるという考え方です。もちろん知識としての外国語が目的だったら、学校英語ができるようになった人は、ある程度目標を達成したと言えるかもしれません。1970年代に、「英語教育大論争」というのがあって、渡部昇一さんは、これでいいと開き直っていました。文法を学習して言語に対する理解が深まればいい、日本語と外国語を比べる能力が身に付けばいい、などと言っていました。現在でもそれに近い主張をする人もいるようです。なぜこれではまずいかについては後述しますが、端的に言えば、言語学習の一番面白いところ（コミュニケーション）はあとからやるから、とりあえず、知識だけ詰め込んでおけ、ということです。これでは学習者はかわいそうです。

　第1章で説明したように、自動化モデルは、まず、学習すべき内容を意識的に知識として身に付け、それを練習によって徐々に自動的に使えるようにする、というものです。ただし、

これには根本的問題があるということを指摘しました。まず、全ての文法知識を意識的に身に付けるのは、ほぼ不可能であること。次に、知識が身に付いたとしても、それを練習で自動的に使えるようにするのにも限界があることです。

ただし、このモデルでもある程度は使えるようになる部分は確かにあります。しかし、日本の英語教育では、知識を身に付ける部分に多大な時間が費やされ、自動化の練習が不足しています。また、インプット理論でなく自動化モデルに基づいているために、「インプットを理解する」という言語習得にとって最も重要な学習プロセスが圧倒的に不足しています。

さらに、この自動化モデルの弊害は、「最初に正しい知識を身に付け、それから練習する」というモデルなので、最初から正しさを学習者に強要することです。そのため、学習者は正しさばかりに注意が行き、コミュニケーションへの意欲をそがれてしまいます。もちろん、正しさは大事なのですが、「正確さ（**accuracy**）」と「流暢さ（**fluency**）」のバランスがなければ、英語を使った効果的な意思伝達は不可能です。

従来型の学校の勉強では、単語を覚えて、文法を覚えて、その単語と文法を使って、英語を日本語に訳して理解したり、日本語を英語に訳したりすることが中心です。このような練習は、言語を使う、という活動とはかけ離れています。もちろんこれらの勉強が無駄ということはありません。単語も文法も重要です。しかし、それだけでは、英語が使えるようにはなりません。

泳げるようになりたいと思ったら、手の動かし方とか、足の使い方とか息のつぎ方の勉強ばかりしていても、泳げるように

はなりません。英語の学習も同じです。実際に聞いたり、話したり、読んだり、書いたりする経験が必要です。つまり、どんなにたくさん単語・文法の知識を身に付けても、それが実際に使える知識になっていなければ、多大な努力は無駄になってしまう、ということです。あまり単語を知らなくてもうまく会話をする人もいます。このような人は、少ない単語で話をする能力を身に付けているわけです。いわば知っている単語は少なくても、その単語はすぐに使えるようになっている。それに対して、多くの日本人は、単語や文法はたくさん知っていてもすぐに使えるようになっていない、ということなのです。

なぜ自動化をしない自動化モデルになってしまうのか

誤った英語学習理論

　では、なぜ日本の英語教育は自動化をしない自動化モデルになっているのでしょうか。まず、自動化モデルという不十分な第二言語習得理論を信じている人が多いことが理由としてあげられます。自動化モデルというのは、わりとわかりやすく、一般受けします。自動化モデルはひとことで言うと、言語も他のスキルと同様、まず明示的知識を身に付けて、それから徐々に練習によって使えるようにしていくというものです。しかし、言語の習得は、それだけではだめなことはすでに述べました。知識と技能を並行的に発達させていく、どちらかと言えば、水

泳とか、バスケットボールなどの運動能力の習得に近いと言えるでしょう。理屈を知らなくてもできることはたくさんあり、理屈を知れば、それがプラスになる、ということです。

　繰り返しますが、一番の問題は、自動化モデルで教えないと英語ができるようにならない、と思っている人が多いことです。英語の専門家（SLAの専門家ではない）にも多いです。それは思い込み（belief）にすぎないということはSLAを勉強すればわかります。実際に、アメリカなど海外で日本語を学んでいる学生は、文法訳読方式をとらないでも、かなりのレベルまで日本語を使いこなすようになります。ゼロから始めて、週4時間3ヶ月の学習で、15分間日本語で会話ができるようになるプログラムもあります（106ページ参照）。今のSLA理論で明らかになっているのは、外国語を学習する際、最初は多少間違いがあっても、レベルが上がっていくにしたがって徐々に減っていくので、最初から100パーセントの正しさを要求する必要はない、ということです。それから、自動化モデルで身に付けるべき知識の量があまりにも多いため、知識を身に付けるだけで、中学、高校が終わってしまう、ということも問題です。これは、外国語習得の一番面白いところ、つまり意思の伝達をやらずに、それは後でひとりでやりなさい、ということに等しい。

正確さを過大に重視した入学試験

　入試という現実も、「自動化をしない自動化モデル」のひとつの原因となっています。結局、入試は伝統的に書きことば中心なので、スピードをつけて処理する能力はあまり重視されて

きませんでした。また入試では流暢さよりも正確さを問う問題が多いので、「自動化をしない自動化モデル」が好まれてしまう。これは、予備校や塾なども同様、もしくはさらにその傾向が強いかもしれません。そして、生徒たちもそれを好む場合もあります。しかし、実際にはインプットモデルの方が、長文読解には効果的なのです。その話は第5章で詳しく述べます。

不十分な教員養成システム

最後に、教員養成システムの問題があります。今の日本の英語教員養成システムは、教育学部の英語教育専攻をのぞいては、英語の教え方のテクニックについて、十分に教えてくれないという問題です。そして、教育実習も受け入れ校側の都合で、そこで教えているやり方に近い方法で教えざるを得ない場合が多い。このようにして、古くから伝わる文法訳読方式が続いていくのです。さらに、職場内教育（on the job training）となるはずの現場でも、若い先生が新しいことをやろうとしても年配の先生があまりよく思わず、力関係で古いやり方が残ってしまいがちだという話もよく聞きます。そして、最も重要なのは、文法訳読方式は教えやすい、という事実。生徒よりも英語力があれば、誰でも授業が成立する。準備も簡単。また、自分が経験しているので、具体的イメージがある。一方、コミュニカティブ・アプローチで教えようと思っても、何らかのトレーニングを受けないと教えられないのです。

このような理由で、自動化をしない自動化モデル（文法訳読方式）が現在でも幅をきかせているわけです。

今後どうすればいいか

　まず考えておきたいのは、外国語学習の目的とは何ぞや、ということです。それが、「教科書を日本語に訳せるようになること」というのであれば、おそらく文法訳読方式もある程度効果的かもしれません。目的によって、効果的な学習法というのも変わってくるからです。しかし、外国語学習の目的がその言語が使えるようになるということであれば、それなりにその目的に合った教え方をしないといけないわけです。以下、到達すべき目標は「使える英語」という前提で話を進めます。

　もちろん、英語教育に教養主義的側面もあることは言うまでもありません。英語を勉強することにより、日英語の違いや、文化的差異などについて意識することはあるでしょう。ただそれはあくまで副産物であって、それを目標にする必要はない。教養的側面が重要なら、対照言語学や、比較文化をどこかでより体系的に教えるべきです（鈴木孝夫著『ことばと文化』（岩波新書）を読ませる方が、6年間英語を教えるより効果があるでしょう）。教科は英語でなくても、国語でも、社会でもかまわない。そのために日常の英語教育を犠牲にする必要はありません。**英語は言語であり、世界の人々とつながる重要なコミュニケーションの道具なのです**。一部のエリートのものではありません。インターネットの発達や、経済の相互依存により、全ての日本人が英語で外国の人とコミュニケーションをとれる、またとるべき時代が来ているのです。

自動化モデルからインプットモデルへ

　では、どうしたら使える知識が身に付くのか。背景となる
SLA 理論をまず復習しておきます。ここまでの説明である程度
想像がつくと思いますが、英語が使えるようになるために大事
なのは、実際に英語をその本来の目的に合った形で使うことで
す。英語で聞いたり、読んだり、書いたり、話したりすること
です。つまり、水泳の腕の動かし方を勉強するだけでなく、実
際に泳いでみることです。これが、コミュニカティブ・アプロ
ーチの原則です。先程述べたように、コミュニカティブ・アプ
ローチには、インプット重視のインプットモデルと、アウトプ
ットも重視するインプット＝インターアクションモデルがあり
ます。

　よく英語が話せるようになるには話す練習をしなければ駄目
だ、といいますが、話すことというのは、すでに自分の持って
いる知識で何をするか、というだけの話です。単語にせよ、文
法にせよ、新しい知識が入ってくることはありません。すでに
述べたように、第二言語習得の分野でも、インプットが言語習
得に不可欠である、ということに異論をはさむ研究者はいない
のに対して、アウトプットの効果については、様々な意見があ
ります。ですから、アウトプットの練習も大事ですが、まずは、
インプットの量が不足しているのが、大多数の英語学習者に共
通の問題です。理解可能なインプットをどれだけ確保できるか、
これが言語習得の必要条件なのです。

ただし、インプットだけでは、習得が起こらない、という現実もあるので、必ず少しでもアウトプット（もしくはその必要性）を保証しておくことが大事です。

「自動化を行わない自動化モデル」からの脱却

　具体的にはどうすればよいか。まず、第一に自動化を行わない自動化モデルを脱却する必要があります。それには2つの方法があり、どちらも最大限に利用すべきです。

（1）インプットモデルへのシフト
（2）自動化のための言語活動

　まず、インプットモデルへのシフトは、当然ながら、インプットの量を増やすことで行います。インプットは聞くことでも読むことでもよいので、両方を増やしていく必要がある。そして、インプットは「理解可能な」ものである必要があります。そのために、十分なインプット理解のチャンスを与える。これは、「多聴多読」により達成すべきです。
　次に、自動化のための言語活動ですが、これはインプットについてもアウトプットについても必要です。インプットについては、ゆっくりなら聞ける、読めるという段階から、ある程度スピードをつけてインプット処理ができるように多聴多読を進めていくことです。また少量・適量のアウトプット、つまり実

際のコミュニケーション活動を通して知識を使えるものにしていくことが必要になります。

　2009年の高等学校の学習指導要領の「授業は英語で行うことを基本とする」という文言から、「英語の授業は英語で」ということばが独り歩きしていますが、日本語で話した方がいいところは日本語でかまわないのです。例えば文法事項まで英語で説明する必要はない（もちろん、可能ならばやってもかまいませんが）。要するに、授業中ずっと先生が日本語をしゃべっている授業をやめて、基本的には英語で話し、インプットを増やす。先生が間違った英語で話しても、それは大きな問題ではない。先生だけがインプットのソースではなく、大量のインプットに触れる機会を保証してあげればよいのです。

　では、日本語による文法説明や訳読方式はどうするか。これは生徒のレベルにもよりますが、なるべく少なくして、インプット理解や自動化のためのコミュニケーション活動の手助けになるような役割に絞るべきです。いろいろなやり方がありますが、例えば週4時間あったら、明示的文法説明はそのうちの1時間にする、もしくは1時間の授業のうち説明は10〜15分にする、などの方法が考えられます。より具体的な授業の方法については第3章以降で取り上げます。

　さて、あるべき英語教育の実現を阻むものも変えていかないと、改革はうまくいきません。以下、上であげた3つの問題点——「誤った英語学習理論」、「不十分な英語教員養成システム」、「正確さを過大に重視した入学試験」——についてそれぞれ考えていきましょう。

自動化理論の限界を認識する

　自動化理論を信じている人には、学校英語を勉強して、その後、自分でいろいろな練習をして英語が実際に使えるようになった人が多いようです。僕自身もそのような経験をして、英語ができるようになったので、SLA研究の知見に出あうまでは、この自動化モデルでよいと思っていました。しかし、そのようにして英語ができるようになった人は、例外なく大量のインプット（聞くこと、読むこと）をどこかの段階でやっています。つまり、受験勉強や文法的説明で身に付いたと思っていたものが、じつはインプットから来ている部分が多いということなのですが、そのことに気がついていないだけなのです。これはSLAのように体系的に第二言語学習者を研究しないとわかりません。そこが、拙著『外国語学習の科学』で強調したかったことです。

　実際に第二言語習得のプロセスを研究してみると、教えられなくてもインプット、インターアクションで身に付くことがたくさんあることがわかります。また、教えてもほとんど身に付かない言語項目もあります。文法を最初から完璧に知識として理解して、それが終わってから、徐々に自動化するというモデルではいつまでたっても使えるようにならない。最初から、自然な言語習得の原則に沿って、言語をコミュニケーションの手段として習得するべく学習していかないと、ほとんどの学習者がひとこともしゃべれないまま終わってしまいます。英語の先

生がまずしっかりとこのことを認識する、これが改革の第一歩ではないでしょうか。

教員養成をどう変えるか

　このような知識を浸透させるには、外国語教員養成課程にSLA の授業を必修にするべきです。そうすれば、誤った学習理論による教え方をする先生が減ることでしょう。

　教員養成の全般について言えば、英語教員資格を取得するためのシステムを大きく変える必要があります。英語教育専攻の課程は別として、現在は、英語そのものや英語学・英文学の授業が多いですが、これを SLA の原理に基づいた英語教授法関係の授業に変える。教え方について、ほとんど何も知らない英語教員が大量生産されている現状を変える必要があるのです。英語の授業を減らしたら英語力が下がるのではないか、という懸念もありますが、英語力の方は教員採用試験の時にチェックできるので、さほど問題はありません。また、大学における英語教授法の授業を英語で行えば、理解可能なインプットの量が大幅に増え、英語力も伸びるでしょう。

　具体的には、英語教員免許取得のための必修科目として、「英語教授法」「第二言語習得論」「教材開発」「言語テスト・評価法」を、選択必修科目として、「教育文法」「言語学概論」「学習心理学」などを設定するとよいでしょう。

入試を巡る問題

　入試の問題は2つのレベルに分けて考える必要があるでしょう。まず、「入試に対応するには文法訳読方式がいいのか」という問題です。文法訳読方式は、入試対策という点からも絶対的なものではありません。現在の高校・大学の英語の入試問題は、昔に比べたらずっとよくなっていて、ある程度本物の英語力を測るような問題になっています。実際、インプットを重視した多読や、意味のあるコミュニケーションに力を入れた実践をしたら、入試の成績も上がったという報告は多数あります。

　注意すべきは、決まり文句の暗記やゲームに基づいたコミュニケーション活動の限界です。授業は盛り上がるかもしれませんが、長期的には英語力の増強には結びつかない可能性があります。アウトプットそのものは自動化の役割はありますが、言語習得そのものにはさほどプラスにはならないというのが、多くの研究者が指摘するところです。インプットの量を保証した上で、コミュニケーション活動を組みこむ必要があります。

　次の問題として、「入試が今のままでよいか」ということですが、もちろんそうではありません。遅ればせながら、まず、リスニングの比重が低すぎるので、これを50パーセントくらいにすべきです。それによって大きく英語教育が変わってくるでしょう。また、和訳の問題はできれば避ける。文法問題も減らす。文法などわからなくても、リスニング、リーディング、スピーキング、ライティングができれば、それで十分なのです。

笑い話ですが、UCLA の言語テスト（Language Testing）のクラスで、先生が第二言語としての英語テストを学生（大学院生）にやらせた時に、一番よかったのが僕で、次が台湾人の学生でした。英語ネイティブは、テストそのものは早く終わらせていましたが、点数はノンネイティブの僕らより悪かった。でも誰も僕らの方が英語ができるなどと思わない。このことは、言語テストが本当の意味での英語力を測っているとは言えないということを端的に示しています。ネイティブスピーカーでもできないような文法問題を使って学習者の英語力を測るより、コミュニケーションとしての英語力を測る問題（すなわち聴解・読解問題）と、基本的な文法、作文問題に絞るべきでしょう。

　また、できれば4技能全て測りたい。スピーキングについては、普通の多人数入試では測れないのですが、いわゆる AO 入試、推薦入試、二次試験などで、より積極的にスピーキングの試験を導入することが望まれます。また、最新の TOEFL のように、4技能全てを測るテストを入試の一環として認める。例えば、大学入試で言えば、最新の TOEFL で120点満点中100点を取った学生には、それに相当する得点を与える、などです。

　入試の公平性（fairness）に疑問を呈する向きもあるかもしれませんが、テストが完全に公平などということはあり得ない。その日どういう問題が出るかなどによる有利不利は当然ある。公平性のために統計的には誤差の範囲でしかない1点差で合否が決まるような入試にも大きな問題があるのです。複数回受けられる TOEFL、TEAP などのテストならば、一発勝負に弱い学習者も何度か受験できます。

4技能テスト導入失敗の背景

　さて、本章のここまでの入試に関する記述は、ほぼ初版（2012年）のままです。ご存知のように、その後日本の大学入学共通テストで4技能をテストする計画が提案され、2021年入試に実行直前まで行ったのですが、最終的に導入は断念されました。ここではその背景を応用言語学的、特に言語テスト的観点から分析してみたいと思います。

　まず、4技能をテストする、というのは、世界的な言語テストの潮流を反映しています。そして、その背後にあるのが、「間接テスト」から「直接テスト」へという流れです。ご存知の方も多いでしょうが、北米の大学に留学するための英語力テストTOEFLは、以前はリスニング、リーディング、文法という形式で、スピーキング、ライティングは測っていませんでした。（正確に言うと、スピーキング、ライティングは別のテストとして行われていましたが、要求する大学はあまりなく、受験者も少数でした。）この背後にあるのが「間接テスト」という考え方で、スピーキング、ライティングなどの能力を「直接」測らなくても、その他の能力を測ればある程度推測できる、というものです。テスト機関のETS（Educational Testing Service）など、専門家は膨大な学習者のテストのデータを持っていますから、そのデータを使って、実際には測っていない能力との相関関係を調べれば、かなりの正確さで「間接的に」推測できる、というのです。リスニング、リーディング、文法がこのくらい

の受験者はスピーキング、ライティングではこのくらいだろう、と推測するわけです。(間接的推測をより正確なものするにはさまざまな技能のテストを受ける学習者のデータベースが必要になるのは言うまでもありません。)

　それでも、現実には例外もあるわけで、聞いたり、読んだりはできても全く話せない学習者もいます。ですから、話す・書く能力を直接測った方が良いのは当然ですが、話す・書く能力のテストは、採点の公平性、信頼性の問題を克服するために大変手間と費用がかかるので、「実用性（practicality）」の観点から、二の足を踏むことになりがちなのです。また、実際、旧TOEFLで高得点をとっても、あまり話せない、論文も書けない、という学生がいるので、旧TOEFLに関する批判も少なからずありました。やはり、話す・書く能力は直接測らないといけないのではないか、という方向性です。

　さらに1990年代に入ってから、4技能をテストするイギリス系のIELTSが影響力を強め、TOEFLに対抗するテストなってきたこともあり、2005年以降、TOEFLはペーパーによるテストからインターネットによるテストへ徐々に移行したわけですが、それを機にTOEFLも4技能を測るようになったのです。

　また、この4技能テスト導入の背後にあるもう一つの潮流は、「個別要素テスト（discrete-point test）」から、「統合的テスト（integrative test）」への移行です。例えば、単語の意味や文法事項をテストするのが個別要素テストですが、それができたとしても、その知識を書いたり、話したり、聞いたり、読んだりする時、つまり実際の言語使用で使えるとは限らないわけです。

ですから、実際のコミュニケーションの場面で使えるかを試すのが統合的テストです。ただ聞く力を問う場合もあれば、聞いてから読んだり、書いたりする場合もあります。英語圏の大学の授業で実際に必要とされるスキルを統合的にテストするのが目的です。（最新の日本の大学入学共通テストも、こういった傾向を反映してか、統合テスト的な問題が多いです。）

　以上のように、4技能をテストするというのは、あるべきテストの姿なのです。では、なぜ日本の大学入試で導入に失敗したかというと、一番の問題は上で述べた実用性の問題です。優れたテストの3要素としてよくあげられるのが、「妥当性（validity）」、「信頼性（reliability）」、「実用性（practicality）」です。妥当性は、「テストで測定しようとしている能力（専門的には構成概念（construct）と言います）を実際に測っているか。例えば、話す能力を測りたいのに文法問題をやらせては、妥当性に欠けます。信頼性は、そのテストが常に同じ結果になるかどうか。例えば、1週間置いて同じテストをして同じ結果になれば、そのテストは信頼性が高い。測った結果が安定しているということです。そして実用性は、実際にテストを行う現実的条件が可能かどうか。センター試験に長いことリスニングの問題がなかったのは、それを可能にするために大変なお金がかかり、また雑音の問題など妥当性、信頼性を脅かす現実的な問題が予想されたからです。これを可能にした関係者の努力は賞賛されるべきでしょう。

　今回の4技能入試の導入において、一番ネックになったのは、実用性の問題です。理解能力（リスニング、リーディング）は

多肢選択問題などで測定しやすいので客観テストを作りやすいのですが、産出能力（スピーキング、ライティング）は客観テストで測りにくいので、受験者が産出した言語を公平に、正確に、短時間で採点することが必要になります。この採点者の訓練は実は応用言語学でもなかなか難しい問題で、どうしたらより良い採点ができるかという研究が特にライティングに関して多数ありますし、また TOEFL などのテストでも、この採点には十分な費用、手間をかけて信頼できるものを行っています。今回、試験直前になって採点の方法に関してさまざまな問題が指摘され、結局この実用性の問題をクリアするだけの準備ができなかったということだと思います。

　また、実用性の問題に関連して、試験の公平性（fairness）も問題になったようです。日本の大学入試というのは、良かれ悪しかれ公平性を重視します。1点の差で合否が決まり、そしてその1点に何十人という受験生が同点で並ぶ、という点数化至上主義的システムが当然のように受け入れられていて、そこから外れると問題視されます。アメリカの大学は、様々な観点から受験者を評価して総合的に判断します。そのため差別が生まれたりもします。どちらが良いかは簡単には判断できませんが、今回の日本の導入失敗にはそのような文化的背景もありそうです。

　SLA の観点からは、大学入試で4技能テストができれば、そこに到達するまでの英語教育のあり方に良い影響を与えると思われるので、4技能テスト導入は望ましいでしょう。ただ、それを達成するための手立てが十分に準備できないのであれば、

無理して導入する必要はないと思います。

　実際、共通テストへの4技能導入が断念された後、どうなったかと言えば、リスニング50%、リーディング50%という配点比率となり、「大量のインプット」を達成するには、以前よりずっと良い入試環境になっています。ただ、本書でも強調しているように、インプットだけという学習環境よりも、「少量・適量のアウトプット」がある方が効果的です。第1章で述べたように、「アウトプットの必要性」がインプット処理のレベルを向上させるからです。ですから、アウトプット能力を測るような間接的テストを導入することを検討するべきでしょう。そうすることによって、英語教師がアウトプット活動をやりやすくなると思います。どんな試験問題がアウトプット能力を間接的に予測できるかは今後の研究を待たねばなりませんが、例えば、単語を並べ替えて正しい文を作る問題（アウトプットのための文法力を測る）とか、短いダイアローグを聞かせて最後の発話を書かせるといった問題も考えられそうです。学習者の発話を録音するということも技術的に可能になるでしょう。

　アウトプットに関連して、最新の共通テストでは、センター試験にはあった発音・アクセント問題を意図的に廃止しています（山本，2021）。これは、前述の統合的テスト重視の流れからすると納得のいくことなのですが、多少問題があるかもしれません。というのは、現状スピーキングテストがないので、発音に対する興味が低下してしまうことが予想されるからです。それを補うために、発音・アクセント問題は入れておいた方が良いと思います。mischief をミス**チー**フではなく**ミ**スチフと正し

く発音する能力を間接的に測るわけです。**Purcell & Suter**（1978）の研究によると、「発音に対する興味」が発音の正しさを予測する要素の一つ（その他は、「学習者の母語」と「模倣能力」）なので、発音に対する関心を高めておくことは重要でしょう。

　それから、より短期的・現実的な問題として、配点と各大学の独自試験（2次試験など）について考える必要があります。現状では、共通テストの配点をどうするかは、各大学に任されています。リスニングとリーディングが50％という建前を、各大学の方針で自由に変えて良い、ということです。また共通テストと大学独自の2次試験の配点やその使い方も自由度が高くなっています。現在の傾向を見ると、私立大学の方がリスニングの比率を重視しており、また国立大学の方が2次試験重視という傾向が見られます。大学の独自性に任せるということで、基本はこれで良いと思いますが、SLAの視点からは、リスニングの比率を重視した私立大学の方針が望ましいと思います。ざっくりとした数字ですが、60：40、もしくは70：30くらいの配点が良いのではないでしょうか。

　また、全国規模の共通テストへの4技能テストの導入は失敗しましたが、現在でも、様々な4技能を測る英語の資格試験が大学入試で活用されているという現実があります。これも、高校までの英語教育を変えるのにかなりの効果を持つと思われます。また、高校入試へのスピーキングテスト導入も検討されており、その問題点も含め、今後英語入試がどう変わっていくか、注目していく必要があるでしょう。拙速は避けたいものです。

まとめ

　現在の英語教育は自動化をしない自動化モデルになっているので、いつまでたっても使える英語が身に付かない。言語習得の本質をふまえた学習（大量のインプットと少量・適量のアウトプット）を進めていく必要がある。それをやろうとしても、教師のトレーニング不足と、入試の制約の両方が足かせとなっているので、この2つの側面において、今後システムの改善が必要となります。第3章以降では、より具体的に、個々の教育現場でどのようなことを考え、また実践していけばいいか、SLAの観点から論じていきます。

●参考文献

Gass, S. & Alvarez Torres, M. J.（2005）. Attention when? An investigation of the ordering effect of input and interaction. *Studies in Second Language Acquisition, 27,* 1–31.

山本廣基（2021）「令和3年度大学入学共通テスト『英語』について（「発音・アクセント・語句整序などを単独で問う問題」を出題しない方針について）」https://www.mext.go.jp/content/20210419-mxt_daigakuc02-000014254_3_1.pdf

Purcell, E. T. & Suter, R. W.（1980）. Predictors of pronunciation accuracy: A reexamination. *Language learning, 30*(2), 271-287.

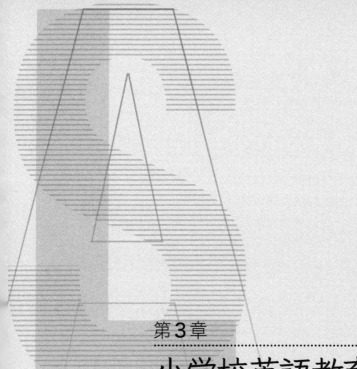

第3章

小学校英語教育の
これから

インプットモデルを中心に

SLA と小学校英語教育

現在、日本の英語教育で最も注目を集めているのが小学校英語教育の問題です。賛成派、反対派、中間派など様々な立場がありますが、僕自身の感想は「どうしてみんなそんなに確信を持って語れるのだろう」というものです。SLA の立場からは実際、わからないことがまだまだ多いので、そんなに確信を持って語れないのではないか、と思っています。

ですが、言語（教育）政策というのは、限られた情報に基づいて決定しなければ、いつまでも現状を変えることはできません。すでに導入された以上、日本の英語教育の向上に向けて最大限の効果を目指すべく、小学校英語教育をどのように進めていけばいいか、考えていきたいと思います。

臨界期仮説と小学校英語教育

第1章で臨界期仮説の話をしましたが、SLA における年齢要因の研究、すなわち年齢の外国語学習者に与える影響についての研究はほとんどがその言語が実際に話されている環境、つまり、アメリカにおける英語学習、日本における日本語学習などの結果に基づいているわけです。では、その言語が話されていない、例えば日本における英語学習、イギリスにおけるフランス語学習、そういう場合はどうなんだというと、研究が非常に

少ない。

とはいえ、研究がないわけではないので、いくつか紹介します。まず、リンら（Lin et al., 2004）の研究は、国立台湾大学の学生を対象に行われました。そこの心理学の学生を対象に調べてみると、中学入学前に英語を始めた学生の方が英語音素、いわゆるミニマルペア（例えば race と lace）の聴き取りに優れているという結果が出ています。

ジェニファー・ラーソン＝ホール（Jennifer Larson-Hall）は、ピッツバーグ大学で Ph.D. を取って、現在は日本の大学で教えている研究者です。この人が *Second Language Research* という学術誌に出した論文（Larson-Hall, 2008）があります。日本の九州大学の学生が実験参加者ですが、まず、中学入学前に英語を始めたグループの方が英語音素の聴き取りに優れているという結果が出ていて、これは台湾の研究と同じ結果です。

それからもうひとつ、非常に面白いというか、新しい結果なのですが、中学入学前に英語学習を始めたグループの中で相関関係を調べてみたのです。すると、文法性判断テストと学習開始年齢の相関があった。つまり、3歳から12歳の間に始めた子どもたちについて、始めるのが早ければ早いほど、文法性判断テストの成績がいい、そういう結果が出たのです。面白いのは、音素識別能力との相関はないのです。これはなぜでしょう。この研究では、音素識別能力については、おそらく、3歳から12歳、つまり12歳までに始めさえすれば、どのくらい早く始めるかによって差がつかなかったのではないか、という説明が考えられます。つまり、この研究の参加者に関していえば、12歳よ

り前に始めていれば、子どもはみな耳がいいから、それなりに英語音素の識別はできるようになったのではないかということです。ところが、文法性の判断は、どのくらい早く始めたかが鍵になった、という解釈です。そう考えれば、辻褄が合います。

最後に、ここが一番大事なのですが、ラーソン＝ホールの研究ではインプットの量と言語学習適性をコントロールしています。つまり、インプットの多い少ない、言語学習適性の高い低いを統計的に処理して、公平な比較ができるようにしてあるのです。よく様々な研究で、それらをコントロールしていないものを見かけますが、どれくらいインプットを受けているかという要素と、言語学習適性が高いか低いかによって、外国語学習に成功するかしないかというのははっきり差が出ますので、それもちゃんとコントロールすることは重要です。そういう要因をコントロールした上での結果なので、この研究はけっこう信憑性があると思います。ただ、この手の研究はまだまだ少ないので、今後もっとやる必要があります。例えば、リンらの研究も、ラーソン＝ホールの研究も、いわゆる難関大学の学生を対象にした研究です。ある意味では外国語学習に成功したグループとも言えるかもしれません。ですから、これが様々な大学でやっても同じような結果が出るものなのかどうか、研究を続けていく必要があります。

以上が台湾、日本の研究で、日本の小学校英語との関連が強いものですが、スペインのカルメン・ムニョス（Carmen Muñoz）という学者が外国語環境における年齢要因の研究を積極的に進めており、彼女の研究では、全体として若い学習者の

方が有利だという結果は出ていません（Muñoz, 2008）。これは
ある意味納得がいくことで、やはりインプットの量が影響して
いるのだと考えられます。例えば、Snow & Hoefnagel-Höhle
（1978）の研究——これは、外国語環境ではなく第二言語環境
での話です——では、滞在後1年くらいで子どもが大人を追い
越しました。つまり、子どもが大人より上達が早いのは、十分
なインプットがある場合、と言えます。インプットの量の重要
性は上で紹介したラーソン＝ホールの研究でも出ており、早期
英語教育をするなら、十分なインプットを保証してあげるべき
でしょう。その意味でも、低学年で英語教育を始めて、トータ
ルなインプットの量を増やす必要があるかもしれません。

　他にも年齢の影響の（あまり）ない研究もあります。例えば
Oller & Nagato（1974）の日本での英語学習者対象の研究では、
中1、中3では、小学校から始めたグループがクローズテスト
で有意にすぐれていましたが、高2では差がなくなっていまし
た。ただし、高2では、人数が少なくなっていたので、有意差
がなかったのはそのせいかもしれません。Burstall（1975）は、
イギリスでのフランス語学習の研究ですが、聴解能力のみ、早
期学習の優位性が出ました。また Buckby（1976）は、Burstall
の結果を再検討し、早く始めた子どもと遅く始めた子どもを一
緒にして教えると差がないが、別々にして教えると、早く始め
た子が16歳の時点で聴解・読解能力で優位という結果が出てい
ると指摘しています。これは日本でもよく見られる現象で、小
学校でやってきた子と、そうでない子が一緒に勉強すると、違
いがなくなってしまうという傾向があるので、全員が早く始め

れば、少なくとも理解力については早期英語教育の効果が見られるということでしょう。韓国では、早期英語教育を開始して、始める前よりも全体として英語力が上がっているという報告もあり、日本でも今後検証が必要でしょう。究極の目的は日本人の英語力を上げることにあるので、導入前と導入後の英語力が今後どう推移していくか、中学、高校、大学と、きちんと調査していく必要があります。

母語に対する悪影響はあるか

外国語をやっていると他教科に悪影響が出るかどうか、小学校英語教育導入に関連して議論がなされていましたが、この問題に関連した研究に Schuster（2005）があります。アメリカ、カンザス州のFLES（Foreign Language in the Elementary School）で、小学校で外国語を30分×週2回、すなわち週1時間学ぶというものです。日本の小学校の英語教育導入時と同じ程度の学習時間で、小学校2年生から5年生まで外国語を学習する。子どもたちは当然ながら母語は英語で、学んだのはスペイン語もしくはフランス語です。6年生の国語力、数学力を比べてみると、有意差はありませんでした。すなわち、外国語をやった学区とやらなかった学区を比べて、国語力、数学力に差はない、つまり、外国語をやることの悪影響はないということです。もちろん、これもアメリカの話で、日本で同じ結果が出るとは限らないので、日本でも調べる必要はあります。考えられる重要

日本とアメリカのモノリンガル主義

　日本はモノリンガル主義がとても強く、それが経済的に有利だという考え方があるようです。このあたりナショナリズムともつながっているのかもしれませんが、世界にはバイリンガル、トライリンガルの国が多数あることを認識するべきです。そのような国の経済が遅れているかというと、そんなことはなくて、カナダとかベルギーとか、先進国もあります。アフリカなどの場合は植民地主義の結果、多言語併用になっているだけで、だからといって、モノリンガル社会が経済発展に有利ということは言えない。相関関係と因果関係は別です。

　1960年代には、バイリンガルは認知的に悪影響があると、北米の心理学の教科書に堂々と書かれていたそうです。これはその後の研究の結果、完全に否定されていて、逆にバイリンガル児の方が認知的には多くの側面においてすぐれているということが定説となっているのはすでに述べました。またバイリンガルの老人は認知症になりにくいという最近の報告もあります。にもかかわらず、アメリカ社会では一般人の間にはモノリンガル主義がまだ根強い。これが、学問的真実が一般社会に広がらない、ひとつのいい例です。日本でもそれと同じことが起こっているのかもしれません。（もうひとつの例は方言は標準語に比べて劣っていて、方言しかしゃべれない人は価値が低いという考え方。言語学では、どちらも単なる「言語」にすぎません。）

な違いは、言語間の距離です。スペイン語やフランス語が英語と似ているので、学習する時に英語というリソースが使えるのではないか。ただ、少なくとも、いま紹介したひとつの研究では国語や数学に悪影響は出ないという結果が出ているということです。

小学校英語で何をするべきか

小学校英語で何をするべきか。以下の議論は、文部科学省の方針とはいくぶん異なる部分もありますが、文科省の学習指導要領はそのうち改訂されることが前提ですので、ここではSLAの観点からあるべき方向性を提示したいと思います。それから、我々教師は指導要領がこうなっているからといって、それに無批判に従う必要はありません。教師は子ども一人ひとりに責任を持っているのであり、それぞれの子どもやクラスに応じた指導法を考える責任があるからです。

小学校では動機づけが大事

小学校で外国語を教える（FLES）と、学習者の態度、動機に関して肯定的な影響を与えることが、ほとんどの研究において示されています。例えば、上で紹介したラーソン＝ホールの日本での研究でも、言語能力だけでなく、動機づけにもプラス

になっています。また、言語能力的には効果がなかった研究でも、外国語や、外国に対する態度だけは好意的になる、という結果が出ています。つまり、小学生に外国語を教えると、大体において、外国語学習に対する意欲や、外国人に対する態度は向上するというのが過去の研究の大勢です。それが、その後の英語学習の動機づけになっていくようにもっていければいいのですが、なかなか難しいところもあります。例えば、オーストリアでわりと最近英語を必修化したのですが、すると、英語嫌いが増えてしまいました。日本でも同様に小学校で英語を入れたらかえって英語嫌いが増えたという話もあります。これはなぜなのか。どういう条件でやったら英語嫌いが増えるのかを、我々は真剣に研究していく必要があるのは言うまでもありません。その点については、中学校英語のところでまた触れますが、**小学校ではまず外国語や国際的なものを学ぼうとする意欲、いわゆる国際的志向性（international posture）を高めることを動機づけ面での目標にするべきでしょう。つまり、アメリカ、イギリス等のアングロサクソン文化にとどまらず、英語を使うことで世界につながっていくということを体験させていくべきです。**

言語面のねらいをどうするか

　小学校英語が導入された時の指導要領は英語そのものは教えなくてもよいというあまりよくわからないものになっていまし

たが、このあたりは、様々な政治的・現実的配慮に基づいているようなので、実際には我々は言語能力面でどのようなねらいを目指すか、はっきりした考えを持つ必要があります。（現実的配慮に関しては、あとで述べますが、英語嫌いにならないためにはどうすればいいか、という考慮が主となるでしょう。）

　まず、言語面のねらいですが、子どもには「自然に」外国語を身に付ける能力が（大人よりも）残っているというのが SLA では定説になっています。つまり、インプットを自然に処理して、明示的ではなく、暗示的に外国語を習得する能力が大人よりも優れているということです。また十分なインプットなしにアウトプットを強制することの弊害も指摘されているので、**小学校ではインプットモデルに基づいた教え方をするのが最も適切でしょう。具体的には、ジェームス・アッシャー(James Asher) の TPR（Total Physical Response ＝全身反応教授法）と、パッツィ・ライトバウン（Patsy Lightbown）らの自主的読書教育が望ましい方法だと思います。**この２つの方法は、どちらも充分な効果が立証されており（詳細は拙著『外国語学習に成功する人、しない人』参照）、小学生の発達段階に適していると思われます。特に初期の段階ではインプットを中心にした方がよいということは、日本人小学生（低学年）を対象とした研究でも示されています（Shintani & Ellis, 2010）。

TPR

　まず TPR は教師が主として命令文による指示を出して、学習者がその命令に合わせて動くというものです。命令文を聞く

ということは、動詞中心の言語活動が続くので、文の構造、特に第2章で紹介した予測文法（英語を聞いて、次にどんな言語的要素が来るか予測する能力）が身に付くという効果があるのです。名詞中心の活動だと、単語は覚えても、英語の構造には慣れないまま進んでいく可能性が高い。その意味で、TPRは優れています。ここ30〜40年の文法理論においても、個々の動詞の持つ情報の重要性が強調されています。

自主的読書教育

　自主的読書教育というのは、簡単な英語の読み物をたくさん用意して、それをテープを聴きながら個人で自由に読んでいくという学習活動です。教師の役割は生徒が自由に読んでいくのをサポートすることです。最初は絵本など、言語の情報なしで理解できる教材から始めて、徐々に言語に頼る部分の多いものを増やしていくという方法がとれるでしょう（文字の扱いについては後述）。カナダの小学校で始まったプログラムで、日本の学校、特に予備校などでも応用され、効果をあげています。

　日本も韓国のように、教材、教案まで文科省の方で準備してもよいでしょう。そして、文科省（もしくはそれに代わる組織）のホームページに教案、教材などを用意して、ダウンロードできる、もしくは直接使えるようにする必要があります。

その他の有効な教材

　また、上であげたインプット重視の原則を体現した教材として、仙台明泉学園が開発したGrapeSEEDがあります（https://

grapeseed.com）。この教材の優れたところは、英語の頻出語を自然に身に付けさせるために、上の TPR の有効な部分を自作の歌やチャンツなどの中に取り入れて、歌ったり暗唱したりしながら、その動作をするという活動がふんだんに取り入れられていることです。歌というのは動機づけにも、記憶の強化にも効果が高い。このような教材で学習している明泉の生徒たちは、児童英検、英検共に同年齢の全国平均よりもかなり高い得点をとっており、英検の関係者が明泉の英語学習状況を確認に来たそうです。

アルファベットの扱い

　アルファベットを教えるべきかどうか。小学校英語が導入された時は、アルファベットは大文字小文字に触れる程度にとどめ、単語の発音と綴りの関係については小学校で扱わない、ということになっていました。これはおそらく、文字を教えるとそこで子どもたちの間に差がついてしまって、英語嫌いが増えてしまうことを懸念していたのではないかと思われます。この不安は「テストをしない」ことによって解消されるのではないでしょうか。また、アルファベットそのものは、小学校では国語科でローマ字として、すでに3年生で導入されていますので、文字そのものはある程度書ける子どももいるでしょう。ただ、難しいのは英語における文字と音声の関係をつかませることです。

具体的には、一度アルファベットの歌などで、形を導入したら、あとは正面切って教えるのではなくカードなどを使って単語の練習をする時に、周辺的に文字を見せるなどの形で導入していけばいいでしょう。つまり、音声を主に、音声だけで理解が進むような活動の中で、付随的に見せるということです。自然に子どもたちは読んだり、書いたりし始めるでしょうから、それはかまわない。ただ、強制的に書かせることには細心の注意を払っておく必要があると思います。

先生の日本人的発音はだめか

　小学校英語に関しては、先生が英語の専門でないため発音が悪いから、先生は英語で話さない方がいい、という意見が根強くあります。結論から言えば、この心配はあまりしないでいいでしょう。というのは、子どもはモデルとすべき発音とそうでない発音を自然に区別することができるからです。

　ひとつ極端な例を考えてみましょう。香港では、イギリス英語がよいモデルとされていますが、多くの家庭ではフィリピン人のメイドを雇うので、彼らの話すフィリピン英語が子どもに影響を与えるのではないかという心配があります。この問題に関する研究が、2011年の言語科学会（JSLS）で発表され、その後論文として刊行されています（Leung, 2012）。結論としては、子どもはフィリピン英語の音素の聞き取りもできるようになるが、同時にイギリス英語の音素の聞き取りもできるようになる。

World Englishes とターゲットとすべき英語

完璧主義は捨てる

　英語の発音は、よいに越したことはないですが、多少の日本語的なまりが残ったとしても、実際には日本人の英語使用は、ネイティブスピーカーと話すよりも、ノンネイティブと話すこと（例えば、中国、韓国、東南アジア、インド、アラブ諸国など）の方が多いという報告もあり、それほど完璧な英語にこだわる必要もないでしょう。ただ、日本人なまりでかまわないという学習態度で開き直ってしまうと、通じない発音になってしまうので、学習ターゲットはアメリカ英語、イギリス英語などにしておいて、それに近い発音になるように努力する。どちらにしろ、ほとんどの場合はターゲットには届かないので、完璧主義は捨てればよいでしょう。

World Englishes と My English

　最近はワールド・イングリッシズ（World Englishes と複数形）という概念が一般的になり、インドはインドの、シンガポールはシンガポールの英語を話せばいい、という考え方が出ています。これはイデオロギーとしてはいいのですが、現実には問題があります。ここで包括的に扱う余裕はないのですが、この手の議論は、「英語学習」と「英語使用」の区別、また comprehension と production の区別を無視した、単純な議論に陥りがちです。

まず、英語使用の時には、いま持っている英語力で話すしかないので、発音がネイティブらしいか気にして話せなくなっては元も子もない。よって、「自分の英語（My English, 田中, 1999）」で自信を持って話すべきです。一方、世界中が何の規範もなしに My English で話していたら、通じないことも多い（実際、インド人やシンガポール人も他国の人と話す時は発音を変える人が多いです）。ですから、英語「使用」の時は自分の英語で話すにしても、英語「学習」のターゲットとしてはアメリカ、イギリスなど、多数の人が学習している英語を習得するよう努力するべきでしょう。

話す英語と聞く英語は別もの

　また、話す時には自分の英語で話して通じても、相手の言うことが聞き取れるかどうかはまた別問題です。実際英語のニュースなどを聞きたいと思えば、ほとんどアメリカもしくはイギリス英語なので、日本人英語という実態のないものを学習してもあまり意味はないでしょう。

　要は、ターゲットとしては一番通用するものをめざし、同時に言語使用の時は臆さず自分の持っている発音・文法で堂々と意見を述べる——教条主義を捨て、現実主義で——ということです。

また、子どもが話す時には、フィリピン英語で話すことはない、という結果になりました。つまり、多少、先生の発音が悪くても、それ以外に ALT や、視聴覚教材によって、ネイティブスピーカーもしくはそれに近い発音を聞く機会が十分に保証されれば、子どもは正しい発音を身に付けることが可能だということです。

まとめ

　以上、いま小学校英語で問題になっていることを SLA の観点からどのようにとらえるべきか述べてみました。重要なポイントをまとめます。

（1）早期教育をするならインプットの量を増やす必要がある
（2）週に1時間程度学習しても他教科に悪影響はない
（3）先生の発音は完璧である必要はない
（4）インプット（聞くこと、読むこと）を中心に
（5）文字はテストをせず、音声中心の活動の中で周辺的に提示し、自然な習得を促す
（6）外国語活動を通して、英語を話すということが世界につながっていくという国際的志向性を養う

ここでまとめたことは、金科玉条のような真理というわけではなく、今後の研究の進展によって、変わってくるかもしれませ

んし、個々の現場の状況によって異なった対応をとる必要があることもあるでしょう。重要なのは、このような原則の背後にある第二言語習得の原則を一人ひとりの教師が理解し、判断して日常の活動を決めていくということなのです。子どもを一番よくわかっているのは教師です。そして、その教師が教え方を決めるための基礎知識として、SLAの観点が欠かせないということを強調しておきたいと思います。医学を知らずに診断をする医者はいないのと同じことなのです。

　最後に、小学校英語について、SLAの研究者が書いた『日本の小学校英語を考える』（バトラー後藤裕子著、三省堂）を紹介しておきます。早期英語教育に関する実証研究を行って来た著者がデータに基づいた冷静な議論を展開しており、小学校英語に携わる全ての人に読んでほしい良書です。

●参考文献

Buckby, M.（1976）. Is primary French really in the balance? *Modern Language Journal, 60*, 340-346.

Burstall, C.（1975）. Primary French in the balance. *Educational Research, 17*, 193-198.

Larson-Hall, J.（2008）. Weighing the benefits of studying a foreign language at a younger starting age in a minimal input situation. *Second Language Research, 24*, 35-63.

Leung, A. H. C.（2012）. Bad influence? An investigation into the purported negative influence of foreign domestic helpers on children's second language English acquisition. *Journal of Multilingual and Multicultural Development, 33*（2）, 133-148.

Lin, H-L., Chang, H-W., & Cheung, H.（2004）. The effects of early English learning on auditory perception of English minimal pairs by Taiwan university students. *Journal of Psycholinguistic Research, 33,* 25-49.

Muñoz, C. (2008). Symmetries and asymmetries of age effects in naturalistic and instructed L2 learning. *Applied Linguistics, 29,* 578-596.

Oller, J. & Nagato, N. (1974). The long-term effect of FLES: An experiment. *Modern Language Journal, 58,* 15-19.

Schuster, B. G. (2005). Did a Foreign Language in the Elementary Schools (FLES) program in a Kansas school district affect students' academic achievement in English? *Foreign Language Annals, 38,* 344-356.

Shintani, N. & Ellis, R. (2010). The incidental acquisition of English plural -*s* by Japanese children in comprehension-based lessons: A process-product study. *Studies in Second Language Acquisition, 32,* 607-637.

Snow, C. E. & Hoefnagel-Höhle, M. (1978). The critical period for language acquisition: Evidence from second language learning. *Child Development, 49,* 1114-1128.

田中茂範 (1999)「world Englishes と my English の視点」関口一郎 (編)『現代日本のコミュニケーション環境』大修館書店.

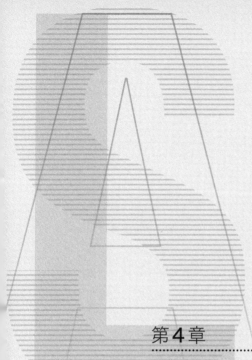

第4章

中学校英語教育の
これから

「正確さ」と「流暢さ」の
バランスが大事

英語嫌いを生まないために

　中学校では、小学校で身に付けた基礎をもとに、本格的に英語を学習していきます。ここでも注意しなければならないのは、動機づけの問題です。これまでは、中学校入学時は英語が好きだったが、中2あたりで英語嫌いが増えてくる、という話でしたが、今後は、中学入学してすぐ英語嫌いが増えるということになるかもしれません。つまり、小学校まではコミュニケーション中心で楽しくやってきたが、中学で文法訳読方式の授業や、テストによる評価が入ってくるために、英語嫌いが増えてしまう、という問題です。そうならないように、どうすればいいか。

　まず、動機づけの面では、テストで大きく差がつく文法訳読方式よりも、コミュニカティブ・アプローチの方が好ましいのは言うまでもありません。つまり、最初から完璧な正しさを要求する「自動化モデル」ではなく、いま持っている言語能力でインプット、インターアクションを積み重ねて言語習得を達成するコミュニカティブ・アプローチをとる必要があるということです。

　ただし、この場合どのようなコミュニカティブ・アプローチをとるか、その質が問われます。例えば、決まり文句を使ったゲーム中心だと、本当の意味での言語能力は付かない。また、初期の段階でコミュニケーションを重視して正しさを軽視する学習者は長期的には伸びないという研究（Higgs & Clifford, 1982）もあります。

では、どうすればいいか。端的に言えば、**コミュニカティブ・アプローチを基本としつつ、学習者に正しさにも目を向けさせながら、「正確さ（accuracy）」と「流暢さ（fluency）」の**バランスをとっていくことです。

　第2章でも触れたように、日本の英語教育の行き過ぎた「正確さ」重視を是正していくことが、日本人が本当に英語が使えるようになるための第一歩です。英語習得の過程で誤りがある程度出てくるのは仕方がない。習得が進むに従って、自然になくなっていく誤りが多いので、それほど気にする必要はありません。問題は誤りが固定してしまわないように注意することです。

　では、正確さと流暢さのバランスをとるために、具体的に教師ができることは何か。それは、正しさだけでなく、言いたいことが伝えられるか、またメッセージを理解できているかをきちんと評価してあげることです。もうすでに実践している先生方も多いと思いますが、例えば、意思伝達ができているかという観点で得点を与え、間違いがあるからといって×にせず、△を付けて部分点を与えるということを徹底していけば、ある程度これは達成できるでしょう。正解が He goes to the store. の時に、He go to the store. を0点にするのではなく、部分点を与える。もちろん、文法のフォーカスが三単現の -s の場合には0点にするという考え方もありますが、He go to the store. でも十分に意味は通じますので、その部分を評価してあげるわけです。このように、「通じるかどうか」という観点と「正しさ」の観点の両方を常に評価に取り入れていくことが重要です。

初級におけるコミュニカティブ・アプローチの例

　次に、インプット＝インターアクションモデルに基づいた実践例として、カーネギーメロン大学の実践を紹介します。カーネギーメロンで日本語を学習する人たちはゼロから始めて週4時間の授業を3ヶ月やって、日本語だけでの会話が15分間できるようになります。これは驚きです。日本の中学高校生で、英語で15分間会話ができる人はなかなかいない。大学生でもそうでしょう。なぜこのようなことができるのか。当然ですがカーネギーメロン大学の学生は日本語だけ勉強しているわけではなくて、日本語以外のエンジニアリングのような難しい専門科目も同時に勉強しているわけです。この実践の対象は大学生ですが、初級という意味では日本の中学生にも有効だと思われるので詳しく紹介します。

　実際の授業をどのように進めるかというと、初日から日本語を使ってコミュニケーションをさせるわけです。新しい文法項目の導入にあたっては、まず5分くらい、その日に導入される文法をちょっと黒板を使って説明をする。（これは当然、学習者の母語、つまり英語でやります。）そして、中心となる言語活動はその日の文法項目を使ってクラスメートにインタビューすることです。トピックは「友人」とか「授業」とか「出身地」とかですね。どんな授業を取っているか、何々先生は面白いとか、何々先生は厳しいとか、私の専攻は経済学ですとか。で、生徒はそれをメモして、あとで「〜さんは〜の授業をとってい

ます」というように文に書いて翌日提出する。これを繰り返していく。

　言語材料はどこから入ってくるかというと、教科書の各課の冒頭にその課で使う言語材料を含んだダイアローグがあります。学習者はそのダイアローグを暗記する。このようにして学習すると、トピックは非常に限られてはいるもののコミュニケーションができるようになります。つまり、**初期の段階から身近な内容について、意味と形式の両方に注意を払って自然なコミュニケーションをしていけば、比較的短期間で、限られた単語を使って限られた内容について流暢なコミュニケーションができるようになるのです。**

　学期の最後には15分間話せるようになりますが、もちろん、突然話せるようになるわけではありません。例えば、3〜4週間たったところで、今まで習ったことを使って3分間、自分のことについて会話をしてみる。そうするとみんなだいたいできるのです。そうやって、話す時間を徐々に伸ばしていく。教師側がきちんとプログラムを作ってあげて、ごくごく限られた内容についてしゃべれるようにしてあげる、ということです。これは、日本の中学校（さらには高校）でもかなり応用がきく方式ではないかと思います。検定教科書を使っても、そこで使う文法事項を使ってインタビュー活動をすればよいので、日本でも応用可能でしょう。

　このインプット＝インターアクションモデルの例は、カーネギーメロン大学のケースですが、このカーネギーメロン大学での実践をそのままコーネル大学でやってみたのですけれども、

全く同じような結果が出て、学習者は1学期の終わりにはしゃべれるようになりました。また、彼らは学期の終わりにレポート用紙2、3ページの漢字仮名交じりの手紙が書けて、実際にそれを日本の大学生に送ったこともあります。これも同様に、まず1パラグラフから書かせて徐々に長いものを書かせていくと、1学期でそこまでできるようになる。

　カーネギーメロン大学とかコーネル大学とか優秀な大学だから、学生はものすごく勉強するからできるのではないかと思われる方もいらっしゃるのではないかと思いますが、カーネギーメロンの甲田慶子さんがこのプログラムを作ったのは、いわゆるトップクラスではない普通の大学でした。そういう所でできあがった実践なので、かなり応用範囲が広いと思います。

　ひとつ注意しておかなければいけないのは、日本の中高でこれをやる場合、一番大変なのは、インフォメーション・ギャップがあまりないということです。すでにお互いに知っていることを情報交換することになり、しらけてしまいます。体育や音楽のように英語は英語だけのクラスを作ってやれば、これは可能になるかもしれません。もしくは、同じクラスの生徒でも知らないような情報をインタビューさせるという工夫が必要になります。なお、田尻悟郎氏のウェブサイトに参考になるインタビュー活動例が多数のっていますので、紹介しておきます（https://sc.benesse-gtec.com/tajiri/guidance/katudou/katudou.htm）。

自分の指導法をどう評価していくか

　ゲームやペアワーク、グループワークを多用する教え方で注意しておかなければならないのは、決まり文句だけ覚えて、実際の言語能力が身に付かないという可能性です。生徒が活動していることと、実際に英語力が身に付くということはイコールではない。そのあたりは、十分にチェックしていく必要があります。例えば、コミュニケーション活動はうまくいっているのに、Do she like...? などという誤った表現が定着してしまうこともあります。

　ある外国語教育プログラムが機能しているかどうかを評価するのに、主に2つの観点が重要です。ひとつは、顧客満足度（customer satisfaction）のレベル。つまり、顧客（customer）、この場合は生徒たちが満足しているかどうか。これはアメリカの大学では学生による授業評価（teaching evaluation）という方法で測られますが、日本でも教師が自主的にアンケートをとることも可能でしょう。そしてもうひとつの観点は、実際に外国語能力が身に付いているかどうか。この2つがともに機能して、はじめて優れた実践と言えるわけです。アメリカの大学でも、授業評価だけ気にして教える先生もいますが、それとは別にプログラム全体がどの程度の外国語能力を達成しているかどうかも常にチェックされています。日本の中学――のみならず、どんな場面でも――この両者を体系的に評価していく必要があります。

また実際に英語力が付いたかどうかの評価の観点も、伝統的な高校入試的問題で評価するだけでなく、コミュニケーション能力が付いているかどうかという観点が必要です。当然ながら高校入試も変わっていくべきでしょう。具体的には、リスニングの問題の配点比率を上げるということが考えられるでしょう。

　また、インプット＝インターアクションモデルで教える場合は、多聴多読を取り入れるなどして、インプットの量を増やしていく必要もあります。習得を進めるのはインプット＋アウトプットなので、アウトプットばかり重視していては効果は期待できません。

アウトプットを強制することの弊害を最小限に

　このように細心の注意を払って、自分の現場に合わせた教え方を考えていかなければいけないわけですけれども、その際にSLAの原則を頭に入れてやるのか、それとも単なる推測に基づいてやるのかによって大きな差がついてくるでしょう。

　例えば、インプット＝インターアクションモデルではある程度アウトプットを強制することになります。その際に、どうしたらその弊害を最小限に押さえることができるかを考える時にSLAの知見が役に立ちます。まず、アウトプットを強制することは、学習者の不安を高めます。特に、クラスサイズの大きい場面で全員の前でアウトプットをすることは、学習者によってはかなりストレスがたまる活動です。クラシェンの仮説のひと

つに「情意フィルター (affective filter)」というのがありますが、理解可能なインプットを処理しても、不安度が高かったり、動機づけが低かったりすると、習得が進まないというものです。このことをふまえて活動を考えていく必要がある。そのために、アウトプットを強制するには、ペアワーク、グループワークを多用するとよいでしょう。少人数であれば、不安度もぐっと低くなります。

　ただし、学習者にも個人差はありますから、何も物怖じせず皆の前で発話できる生徒もいます。ですから、重要なのは「強制」しないことです。第3章で紹介したTPRでも、最初は教師が英語で指示を出しますが、ある段階で、生徒の希望者に指示を出させることを始めます。大事なのは、ここで「希望者」に限定することなのです。

　また、ペア・グループワークをする場合にも、言語能力が十分に身に付いていないうちにアウトプットを強制することで、誤った英語表現が定着してしまう可能性もあります（5〜6ページの How do you think about it? の例を参照）。その弊害を最小限にするには、生徒同士の活動が誤った表現に結びつかないように、細心の注意を払って言語活動を準備してあげる必要があります。例えば、Do she like...? という表現が出てきてしまったら、その時には正しい形を書いたカードを持たせるとか、いろいろ工夫することはできるでしょう。もちろん、誤りを一度や二度したからといってそれが固定するとは限りませんが、可能であれば、なるべく誤りが出ないような活動を準備してあげることが重要です。

文字と音声の関係をどうつかませるか

　小学校段階では、文字は十分に扱っていないので、中学で本格的に導入する必要があります。ただし、この段階までに多くの生徒はすでにかなりの知識を持っているでしょう。まず、国語科でのローマ字教育により、アルファベットが入っている。そして、訓令式とヘボン式両方知っている子もいれば、訓令式しか知らない子もいる。ご存知のように、訓令式よりもヘボン式の方が英語の音に近い。例えば、「しちゃう」をローマ字で書くと、"sityau" と "shichau" となり、後者の方がずっと英語に近いわけです。ヘボン式を知っていれば、英語の読みにはプラスになるので、まず、全員にヘボン式ローマ字の読み方を一通り教えるとよいでしょう。これでまず基本的な文字と音声のつながりをつかんでもらいます。

　次に英語特有の読み方、つまり、ローマ字的読み方では読めない綴りと発音の関係を身に付ける必要があります。その際に注意しなければならないのは、英語の綴りと発音の関係は非常に不規則で、複雑だという事実です。英語母語話者の失読症（dyslexia）の率が、綴りと発音の関係がより規則的な言語（日本語やアラビア語）に比べて高いのは、その複雑性のせいだと言われるほどです。音声中心で教えれば、この複雑なシステムを完璧にマスターできなくても大丈夫なので、まず、音声中心で英語を導入することも重要です。特にスペリング能力が、英語能力全般とあまり相関がないという研究もあり、綴りの正し

さをそれほど絶対視する必要はないのですが、いつかは綴りと音声の関係を習得する必要があります。

　ですから、次のステップは、ローマ字読みでは正しい読みとならないものを読めるようにすることです。例えば、take とか date とか、ローマ字読みでは、「タケ」「ダテ」となってしまうので、このあたりは、例をたくさん出して、教える必要があります。take, make, date, came など、〔子音 a 子音 e〕という綴りの場合は、〔子音 ei 子音〕という発音になるということを教えるのです。ただし、こうした綴りと発音のルールを全て教える必要はありません。間違って読みがちなものを取り出して、ある段階までに何度か指導してあげればよいでしょう。また、このような法則で全てを説明できるわけではなく、例外がいくらでもあるので、そのことも教えておいた方がいいでしょう。第1章で述べたように、言語というのは、全てルールで割り切れるものではないことを英語学習の初期の段階で強調しておくことは、言語の本質を理解する上でも大切です。ルールで全て割り切れると思っていると、そこでつまずいてしまう生徒が出てきます。これは綴りと音声の関係だけでなく、文法でも同じことです。

●参考文献

Higgs, T. & Clifford, R. (1982). The push toward communication. In T. Higgs (Ed.), *Curriculum, competence and the foreign language teacher* (pp. 57-59). Skokie, IL: National Textbook Company.

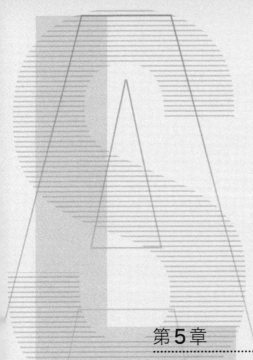

第5章
·······································
高校英語教育の
これから

大量のインプットと
少量・適量のアウトプット

「英語の授業は英語で」とは？

　ロッド・エリス（Rod Ellis）という著名な SLA 研究者がいるのですが、彼が日本で講演をした時に、「皆さんは英語の授業を受けた時に授業中の何パーセントくらい英語を聞いたり、話したりしていましたか」という質問をしたそうです。この質問で彼が意図しているのは、もちろん、日本の英語教育は英語を使う時間が圧倒的に少ないことを実感してもらうことです。SLA 理論ではインプットの重要性がすでに定説になっているのにもかかわらず、日本では、特に高校英語教育では、先生が日本語で説明し、生徒も日本語で答えている時間が非常に多い。これでは英語が使えるようにならないことは目に見えています。

　このような背景で、2009年の学習指導要領では「英語の授業は英語で」というある意味では当たり前の方針が出されたのですが、その時のメディアやインターネット上の反応が非常にネガティブだったのが興味深く思われました。実際に英語を使えるようになるには、英語を聞いたり、話したり、読んだり、書いたりして、意思伝達の手段として使う必要があるわけです。その時間が圧倒的に少ないという現状を変えるために、「英語の授業は英語で」という方針が出てきただけです。そういう背景の説明なしに、「英語の授業は英語で」という文言がメディアで大きく取り上げられたことによって、このことばが独り歩きして、授業は100パーセント英語でやらなければいけない、と一般の人は受けとめていると思います。そこで、英語の先生

はそんなに英語ができるのか、という声も出てくる。

　実際問題としては、英語のインプットというのは、先生だけから来るのではない。音声教材や映像教材からも来るし、生徒同士のインターアクションも英語で行えばそれもインプットになる。授業を基本的に英語を使ったインプットとインターアクションの場にする、ただそれだけのことです。全く日本語を使ってはいけない、ということはない。SLA の世界でも議論されていることですが、ジェームス・ラントルフ（James Lantolf）という社会文化理論（sociocultural theory）の研究者は、いわゆるクラスルーム・マネジメントの部分は母語でやった方が早い場合があると言っています。文法の説明も、日本語でやった方が効果的な場合がいくらでもあります。生徒同士で話す場合も、常に生徒が外国語をしゃべっていなければならない、ということではなくて、基本的に外国語をしゃべっていれば、時により母語にシフトしても問題はないわけです。いかにして「基本的な」言語を英語にするか、というそれだけの話です。

　要するに、教師も生徒も英語を基本的コミュニケーションの手段として使うことにより、頭の中で英語が activate（活性化）されるという状況を作っていかなければ、いつまでたっても使える英語は身に付かない、ということなのです。

　反対意見の中に、先生の英語力が足りない、というのがありましたが、高校の先生の英語力はかなりのものですので、それほど心配することはありません。また、話すことは苦手という教師も、話すことに慣れていない、つまり「自動化」されていないだけなので、実際に話すことによって、先生自身の話す力

も伸ばしていく、という効果もあります。

　基本的な考え方としては、**all English** などと肩肘張らずに、基本は英語で、英語を使わない時間を最小限にするよう努力することが大事です。そのためには様々なテクニックがあり、以下紹介する高校英語の実践例もそうですし、卯城祐司編著『英語で英語を読む授業』（研究社）などの著作にはそのための具体的手だてが多数紹介されています。

　繰り返しになりますが、先生の発音が悪いとか、間違ったら恥ずかしいとか、そんなことを気にする必要はありません。重要なのは、学習者の頭の中を英語にする、その認知的プロセスなのです。英語の時間には普通に英語が出てくる、そういう雰囲気を作りだすことが大事なのです。

インプットモデルに基づいた高校英語実践例

　英語のインプットの量を増やす実践は様々なかたちがあると思いますが、僕がかつて行ったものをここで紹介します。この時の実践で、生徒の偏差値が1年間で10上がったわけですが、これは行き当たりばったりでやったら、上がらなかったと思うんですね。きちっとした、第二言語習得の理論に基づいてやったからできた。第4章で紹介した3ヶ月の授業で15分の会話ができるようになるプログラムを作ったカーネギーメロン大学の甲田慶子さんも第二言語習得の研究者です。理論に基づいた実践が効果をあげる確率が高い。もちろん、理論に基づかない実

践でも効果が上がればよいのですが、その場合も、理論的に分析してみると、理論と合致している可能性が高いでしょう。

　さて、前置きが長くなりましたが、これは、僕が高校教師の頃にやっていた実践で、高校1年の頭に始めて、1年終わった時の標準テストの結果、前年度に比べて偏差値が10上がっていました（ちなみに、国語と数学は前年度と同じでした）。その時の理論的背景は、クラシェンのナチュラル・アプローチです。ナチュラル・アプローチは、「教室は理解可能なインプットを与える場としてとらえ、文法は家庭学習にまわす」、という考え方ですが、具体的にどうしたかというと、この実践を行ったのは1980年代ですから、基本的には文法訳読方式でやりました。ただ当時は、文法の授業が必ずあるわけですね。その文法の授業週1時間を廃止して、代わりにサイドリーダーを導入しました。週1時間でしたが、年間で10冊ほど読みました。

　それから、試験でも多読に対応する評価を導入しました。サイドリーダーもテスト全体の30パーセントくらいを占めていました。試験に出すというのは大事なことです。試験によって生徒の学習行動を変えるというのは非常に有効で、生徒に次のように言っておきました。「多読の教材は日本語訳は絶対に出ません。出るのは、内容理解のみ。形式は multiple choice と True or False と穴埋め。きちんと何度も読んでいれば解けるような問題ばかりです。」

　要するに何度も何度も読んでほしいことを伝えるわけです。あと、音声テープも渡して何度も何度も聞くように指示を出しました。今だと、スマホ等で聞けるようにしてあげるというこ

とになるでしょう。定期試験でも当然リスニングの問題も出しました。カセットデッキを持って、先生が教室を回るわけです。

　次に授業中の活動ですが、授業でもインプットを増やす。その手だてとして、当時 L-S Reading（S は scanning）という名前を付けた comprehension 活動を、多読の授業でも、精読の授業でも多用しました。簡単に言えば、まず聞き取りをさせて、True or False（TF）をやり、次に同じところを黙読させて、同じ TF をやるというものです。これによって理解可能なインプットの量を増やすわけです（白井，1987，Amitani，2019）。

　もう少し、具体的に説明します。まずはリスニングです。一番最初はレッスン「全体」を聞かせて TF をやらせますが、毎日の授業では新しいパラグラフに入る時に３問の TF の質問を英語で出す。それが終わったら、答えを教えずに、今度は読みなさい、と黙読させる。黙読をした上で、もう１回生徒に同じTF をやらせる（新しい問題を１問つけ加えることもよくありました）。TF は英語で、教師が準備したものを読みあげます。同じ TF を２回やることによって、２回目の時に、生徒はある程度正解できるようになるので、生徒はそこで達成感を得るんですね。また英語で TF の問題文を聞くというのも重要で、先生が TF を読んでいる時、これも理解可能なインプットになる。徹底的に授業のありとあらゆる場面をとらえて、理解可能なインプットの量を増やす、ということをやっていました。もちろん、クラスルーム・イングリッシュも多用して、英語で指示を出します。指示は日常化しているので、一度準備しておけば負担ではありません。あとは習慣になります。

文法処理も促す

　それから、精読と多読を併用しました。これは第2章で説明した、クラシェンのインプット仮説の「落とし穴」、つまり、「単語だけ処理して内容理解をしていると文法を処理しなくなってしまう」という問題に対するひとつの対策となります。ですから、精読を併用して、文法も処理させるように促していたわけです。

　それから当時はアウトプット、特にスピーキングは強制しない、というようにしましたが、現在ではインプットは大事だがアウトプットも少しはやった方がいい、と思っています。つまり、「大量のインプット＋少量・適量のアウトプット」ということですね。ただ、これはクラシェンが言っているように、アウトプットを強制することによってけっこう学習者の頭の中が混乱しますし、人前で英語をしゃべらされると緊張して固まってしまう子もいます。ですから、スピーキングを強制するならば、細心の注意を払って行う必要があるでしょう。

　以上の高校英語の実践例はインプットモデルに基づいています。資料として、当時書いた小論を章末に再録しておきました。時代背景も違うのでわかりにくいところもあるかと思いますが、参考になれば幸いです。35年以上前に書かれたものですが、現代にあてはまることも多く、それだけ英語教育が変わっていないことを示しているのかもしれません。

多聴多読をどう進めるか

　授業のあらゆる機会をとらえて、理解可能なインプットの量を増やすべく努力することはもちろんですが、授業外でもできることをやる必要があります。ひとつの提案として、第3章で紹介した、自主的読書教育を高校でも応用してみることが考えられます。リーディングラボを作って、そこに高校生が興味を持ちそうな「易しい」読みものを多数用意し、そこで自由に読ませる。さらに CD などの音声教材のあるものについてはそこで同時に聞くこともできるような環境を提供してあげるわけです。また、自宅で読みたい生徒のために、（音声教材も含めて）読めるようにするとよいでしょう。紙媒体だけでなく、オンライン教材も活用できるでしょう。

　また、第6章で紹介するポートフォリオ学習も、高校生対象にできそうです。自分で学習できる、「自律性（autonomy）」を持った学習者を育てるには、自分で教材を選べる環境を準備してあげることが大切です。ほかにも、インプットの量を増やす手だては多数ありますが、高瀬敦子著『英語多読・多聴指導マニュアル』（大修館書店）などが参考になるでしょう。

5 文型の扱い

　ある高校教師対象の講演会で、「レキシカル・アプローチ

（lexical approach）」という教授法について質問を受けました。レキシカル・アプローチは、じつは非常に注目すべきもので、「個々の単語の意味を覚えて、文法をマスターすれば外国語ができるようになるという言語観ではだめだ」というのがその基本的な考え方です。言語というのは、単語によってどういう文型を使うのかがものすごくはっきりしている。例えば動詞ですが、どういう動詞が来たらこういう文型になる、ということがかなり決まっている、ということにレキシカル・アプローチでは注目します。一方、5文型というのは、そういったものを全て捨象した、非常に抽象的なものです。ですから、この2つは相反するところがある。

　基本的には僕はレキシカル・アプローチには賛成なのですが、ただ、5文型を捨てる必要があるのかというと、反対かもしれません。なぜかというと、言語学の世界で非常に注目を浴びている「構文文法（construction grammar）」という考え方があるのですが、その理論の重要な主張は、じつは5文型に基づいていて、文型そのものが意味を持っている、という考え方です。ひとついい例があります。

　Open <u>me</u> a beer.　（ビールを開けてください）
　Open <u>me</u> the door.　（ドアを開けてください）

これはどちらかが間違った文ですが、どうでしょう。いわゆる書き換え問題だと、

Open me a beer.　　＝ Open a beer for me.

Open me the door. ＝ Open the door for me.

となり、書き換えた後の文はどちらも OK です。では、書き換える前の文は、どちらが正しくて、どちらが間違っているか、わかりますか。正しいのは Open me a beer. で、Open me the door. は間違いです。なぜか？

　ご存知の方も多いかと思いますが、第 4 文型 SVO_1O_2 というのは、O_1 が O_2 を何らかの形で所有するという意味を持っているのです。つまり、Open me a beer. というと、me が beer を所有することになります。ところが、Open me the door. では、開けた結果 me が door を所有することにはならない。Tell me the story. もそうですね。story を聞いたことによって、自分の頭の中に知識として入る、ということがあるわけです。このように構文そのものが意味を持っているというのが、構文文法という考え方の重要なポイントです。構文そのものが意味を持っているということを学習者に教えるかどうかということはまた別の問題ですけれども、SVO_1O_2 の 2 つの目的語の関係については、教えてもそんなに問題はないとは思います。

　ですから、5 文型廃止については必ずしも賛成しません。ただ、ありとあらゆる文を 5 文型で分類しようとするのは無理なので、そういうことはやめた方がいい。

　レキシカル・アプローチに戻りますが、レキシカル・アプローチそのものは非常にいいと思います。インプットをたくさん処理することによって、様々な単語の持つコロケーション、つ

まり単語とそれ以外の要素——他の単語だったり、句だったりしますけれども——がどういう頻度でくっついていくか、どういう確率で共起するか、というようなことは基本的にはインプットを理解することで習得できるのです。ただ、インプットで習得させるだけではなく、そのことを意識化させてやる、この単語はこれこれこうだよ、この動詞はこれこれこうだよ、というように教えてあげることも効果があると思います。そういった観点でレキシカル・アプローチをやったらいいのではないか。

　5文型とレキシカル・アプローチは必ずしも矛盾するわけではなくて、5文型のような抽象的な構文と、think that... / think of -ing などの細かい、動詞別の構文が様々な抽象度のレベルで共存しているのが言語なのです。全て理屈で割り切ろうとするから、5文型にうまく入らない例が出てくると困ってしまうのではないかと思います。

英語の苦手な生徒をどうするか

　それから、講演でよく聞かれるのが、教育困難校の話です。これはなかなか難しいですね。第二言語習得の観点から言えるのは、インテリジェンスのあまり高くない子の方がコミュニカティブ・アプローチの効果があるという研究がひとつ出ています。この問題に特化した研究がそんなにたくさんあるわけではないので、はっきり言えないのですが、同様のことを示唆する結果が出ているものもあります（このあたりは拙著『外国語学

習の科学』に、もう少し詳しく書いてあります)。

　また、英語のレベルの高くない生徒は、往々にして動機づけがあまり強くないという問題があります。そのような場合、やる気の出るタスクをいかに用意してあげるか、これがとても大事だと思います。これは、基本的にはレベルの高い学校でも同じことでしょうが、いかに教師がステップを作って、生徒がやればできるタスクをきちんと準備するかということが、動機づけが低い場合、特に重要です。その際、難易度をどのように調節していくかが大事でしょう。

　コミュニカティブ・アプローチの方がいいとは言っても、ただ単にコミュニケーション活動をやれ、ではだめで、アクティビティをやる時に、はっきりとした指示を出して、生徒がきちっとできるような形を保証してやるということが大事ではないかと思います。まず、授業が成立するような面白い活動を多数ストックしておく。そして次の段階として、どのようなタスクをすれば、より学習事項が定着していくか検証していくことです。その際、文法的正しさばかりに目が行きがちですが、それよりも、意思伝達ができているかという観点で全体的に評価してあげることが重要でしょう。

●参考文献

白井恭弘 (1987).「訳読法をよりコミュニカティブなものに：訳読法の評価と弱点の克服」『新英語教育講座 (5)：授業過程と教授法 (3)』276-279. 三友社 .

Amitani, Y. (2019). The Effects of "LS Reading" in English Extensive Reading. *HELES Journal, 18*, 51-65.

Krashen 理論の英語教育への示唆

白 井 恭 弘

　昨年の[1] 8 月 4 日、成田で行われた全国英語教育学会千葉研究大会の問題別討論会にパネラーとして参加する機会があった。「最近の指導法とその応用の可能性」について、Total Physical Response を末延岑生氏（神戸商科大）、Notional-Functional Syllabus を斉藤誠毅氏（国際武道大）、Suggestopedia を野沢和典氏（豊橋技術科学大）がそれぞれ担当、私は Krashen の Natural Approach を担当して、話し合ったのだが、大変貴重な経験ができたと思う。ここではその時の発言要旨を中心に、Krashen の理論をどのように高校の英語指導に応用していくかを述べたい。

1．第二言語習得理論

　我々英語教師はいわゆる「教授法」に対してある種の不信感を持っている。昭和30年代にあれほど評価の高かった Oral Approach（Audio-Lingual Approach, Michigan Method とも呼ばれる）が、その後の変形生成文法の台頭や、誤答分析の研究によって完全にその基盤を崩され、その後は教授法の「戦国時代」ともいうべき状況が

1）　1985年のこと。この小論が掲載されたのは、『高校通信』（教育出版）1986年
　　11月号、4−6ページ。

続いていることもあって、「どうも教授法というのはあてにならない」というのが英語教師の一般的な考え方のようだ。

　しかし、ここで確認しておかなければならないのは、今までの教授法はその基盤が言語学、あるいは心理学であって、それをそのまま外国語教育に応用しようとしたことに無理があった、ということである。

　一方、60年代後半から70〜80年代にかけて、「第二言語習得（Second Language Acquisition）」という分野の研究が進められ、応用言語学の中で重要な位置を占めるようになった。その範囲は、誤答分析、学習者論、動機づけ、Bilingualism 等多岐にわたり、「人はいかにして第二言語を習得するか」というテーマを包括的に研究している。そしてこの「第二言語習得」の研究成果を、荒削りではあるが一つの体系としてまとめあげたのが南カリフォルニア大学の Stephen D. Krashen であり、かれと Tracy D. Terrell の協力で作りあげられたのが The Natural Approach なのである。心理学や言語学ではなく、「第二言語習得」の理論に基づいて作られた Natural Approach を今までの教授法と同列に扱うのは公平ではないように思われる。我々はここからできる限り学ぶ必要があるだろう。

2. 日本の英語教育の問題点

　まず、教授法の「応用」を考える時に無視できない問題を考えてみよう。「日本の学校英語教育は役に立たない」とよく言われるが、Communicative Competence を身に付けることが外国語教育の目的だとすれば、この評価は残念ながら正しいと言わざるを得ない。原因はいろいろ考えられるが、次の３つが特に重要ではないだろうか。

①入試の制約

②クラスサイズ

③教師

入試については、大学入試にはほとんど音声テストがないことが、
「音声軽視」という実情の原因となっている。大きすぎるクラスサ
イズは Speaking の指導を困難にしている。そしてそれに加えて、
教師の指導力の不足が Communicative なクラスを持つことよりも、
訳読に頼るという傾向を強くしている。この3つは相互に関連して
「現状」を固定しているようだ。

3．Natural Approach の可能性

さて、教授法を実際に学校現場で応用しようとする時に一番問題
になるのは Applicability である。外国の教室や実験的な環境で効
果をあげているメソッドも、日本の現状にそぐわなければ役に立た
ない。先に上げた3つの問題点を変えていく努力も一方では必要だ
が、現状に対応しないような教授法は無力である。Community
Language Learning や The Silent Way などは効果が高いと言われて
いるが、クラスサイズ、教師の訓練といった問題で日本での応用は
ほとんど不可能である。

この意味では、Krashen, Terrell の Natural Approach（以下 NA）
はかなりの可能性を持っている。まず、2人の共著 *The Natural
Approach* の序文にあるように、この教授法は「完全な形で使う必
要はなく」部分的に適用できる。そして、前述①〜③の制約の中で
応用できるのである。

Krashen の仮説は以下の5つにまとめられる。

(1) Acquisition-Learning Hypothesis

(2) Natural Order Hypothesis

(3) Monitor Hypothesis

(4) Input Hypothesis

(5) Affective Filter Hypothesis

　詳しくは後述の参考文献にあたっていただきたいが、簡単に要約すれば、「学習者の不安度（Anxiety）の低い状況で理解できる入力（Comprehensible Input）を与えれば、言語は習得される。文法学習はさほど重要ではなく、文法力は自分の発話が文法的に正しいかどうかのチェック機能（Monitor）を果たすだけである」といったことになる。彼の理論についてはあまりにも単純化されているためにかなりの批判が出ている（Takala, 1984など）が、その理論の応用である NA については評価は高いようだ。昨年来日した Wilga Rivers 女史も、Krashen の理論は徹底的に批判していたが、NA についてはよい教授法だと述べていた。

　NA の基本姿勢に「教室は Communicative な活動の場（Input を与える場）として位置づけ、文法は家庭学習にまわす」というのがある。これを学校現場でいかに応用していくか、前記①～③の制約との関連で考えてみたい。

　①の「入試の制約」という点だが、現在の入試問題の傾向（長文化、内容把握重視、文法問題プロパーの減少）[2] を考えると、Reading を文字による Input とした直読直解の指導は入試対策としても有効であろう。新教育課程の英語Ⅰ[3] の増加単位に文法を扱っている学校が多いが、NA によれば、そこはサイドリーダーにまわした方が効果が高いはず。実際、私の学校で59年度の１年生から

文法をサイドリーダーにまわした結果、受験的学力がかなり伸びている。英語Ⅰの教科書本文は7,540語、一方サイドリーダーで読んだのは20,660語（概算）であり、このInput量の差は決定的である。また、生徒の学習意欲という観点からも、文法を扱うよりは内容理解中心のCommunicative Readingの方が望ましいのではないだろうか。

　②のクラスサイズについてだが、40〜45人の学級でSpeakingを重視するのは難しい。（③とも絡むが、教師の技術を要するし、Teacher-controlの下でのSpeaking活動は、話している生徒以外の活動が低下する）また、日本人学習者の場合、40人以上というクラスで口頭発表することにはかなり抵抗があり、Anxietyが高まるであろう。45人が同時に集中できて、しかもAnxietyの高まらないInput活動（Reading, Listening）を重視する方が、現状では能率がよい。

　③の教師の問題が最も重要だが、これについてもNAは有効である。先に述べたSilent Way, CLL, またSuggestopediaなど、どれもかなりの量のTeacher-trainingを必要とする。「訳読法」の問題点が認識されながらもそれがなかなか衰えないのは「教師の負担が軽い」というメリットがあるからで、どんなにすばらしい教授法でも準備が大変だったり教師の能力を超えるようなものだったら、Applicabilityの問題で利用できない。

　私はNAの応用として次のようなInput中心のReading授業を昨

---

2) 当時変わりつつあった傾向であり、現在ではこの傾向はさらにすすんでいる。
3) 英語Ⅰ、英語Ⅱは当時の総合英語。実際は訳読中心で教えられていた。その他選択科目として、ⅡB（reading）ⅡC（writing）などがあった。ⅡA（会話）もあったが、採用している学校は少なかった。

年から行っているが、これは日本の英語教師なら誰でも簡単にできるはずだ。（サイドリーダーとⅡBをこの方法でやっている）

a. Pre-question（先に内容理解の質問を与えて集中させる）
b. Listening（テープもしくは教師）
c. Questions（TFなどで理解度チェック）
d. Silent Reading（速読を目標とする）
e. Questions（cでも質問に1問加える）
f. 日本語で内容説明（全訳はしない）

a〜eまで全てInputとなり、かなり習得にプラスになるはずだ。この際InputはComprehensibleである必要があるので、教材のレベルを考え、ヒント（単語の意味、絵など）の与え方、予習の指示などKrashenの言うExtralinguistic Information（言語外の情報）を利用して、生徒がInputを確実に理解している状況を作ることを心がけなければならない。教材は、内容で生徒をひきつけられるものを選ぶ必要があるだろう。

　以上①〜③の問題点に対応しながらNAをいかに応用するかを考えてきたが、ポイントは「文法よりもAcquisition—実際のコミュニケーション能力につながるComprehensible Inputを大量に与える」ということである。文法学習（意識的なLearning）ばかりしていても実際に使える力は身に付かない。意味内容を重視したListening, Readingの活動の場をできるだけ増やすことが重要だ。

4．今後の課題
　ここでは2つの観点から今後の課題を考えたい。ひとつはNA自

体の問題である。Krashen は、「Input を与え続ければ学習者はある段階で話すことを始める（speech will emerge）と主張しているが、それが日本人に、しかも学校の英語の教室であてはまるかどうか。生徒の「発表意欲」とのバランスをどうとるか考えないと、常に聞いているだけの学習者ができてしまう危険性がある。（それでも現状よりはよい。現在は聞くことも読むこともできない生徒をそだてているのだから。）

　もうひとつは、我々英語教師に課せられた課題である。この10〜15年間に進められた第二言語習得の研究によって多くのことが明らかになってきたわけだが、そこから学ぼうという姿勢を我々英語教師は持つ必要があるだろう。私自身それほど深く研究しているわけではないが、それでもいくつかの研究結果が印象に残っている。例えば、

　・発音指導の有無は発音の正確さとあまり関係がない。
　・母語の干渉は学習者の誤りの中ではごく限られたものに過ぎない。
　・Total Physical Response の驚異的効果。
　・入門期における Listening 重視の効果（Listening の他の3技能への転移）。
　・学習者の誤りを正してもさほど効果はない。

など、多くの示唆を与えてくれる。

　また、我々教師自身も常に第二言語習得の「研究者」としての目を持っていなければならないだろう。例えば、「音読は内容の理解の前と後ではどちらが効果的か」「文法導入は本文を読む前か後か」「どういうテストを作れば望ましい学力が身に付くか」「文法の指導は高1の時と高3の時ではどちらが効果的か」「未知語はどの程度が内容理解の許容範囲か」「生徒が興味を持つ題材とはどのような

ものか」など、いくらでも研究課題はある。こういった問題意識を常に持ち、それを何らかの形で調査したり、今までの研究を読んでみるといったことが、生徒によりよい学習環境を作るために欠かせないことだろう。前例主義や経験主義を越えることが今後の課題となるのではないか。

5．まとめ

最近いろいろなところで Krashen の名前を聞く。彼の理論、そして NA の応用は今後さらに進められるだろう。Krashen の理論の問題点はさておき、この傾向は大変好ましいことである。NA, TPR, Suggestopedia など効果を上げているメソッドに共通するのは言語の形式・構造ではなく「意味内容」に焦点があてられていることだろう。日本の英語教育では訳読法にせよ Oral Approach にせよ言語の「形式」に重点が置かれ、「意味内容」は軽視されてきた。Krashen や NA の考え方が広まっていく中で、その流れが変わっていくことを望みたい。

（参考文献）

川出才紀・阿部一・田中茂範（1985）「Monitor モデルの意義と問題点」『英語教育』大修館，8月号，pp. 40-43

吉田研作（1985）「中間言語と外国語教授理論」『英語展望』ELEC，秋号，pp. 20-23

Krashen, S. and Terrell, T.（1983）*The Natural Approach : Language Acquisition in the Classroom*, Oxford, Pergamon Press

Takala, S.（1984）"A Review of Language Two" by Hteidi Dulay, Marina Burt and Stephen Krashen, *Language Learning*, 34: 157-174

Terrell, T.（1978）"A Natural Approach to Second Language Acquisition and Learning", *Modern Language Journal*, 60: 325-337

（浦和市立高校教諭）

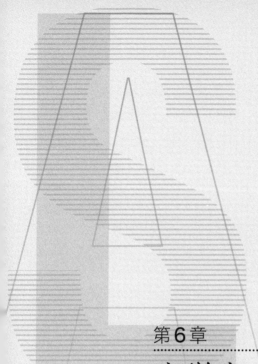

第6章

大学生、社会人
のための英語教育

最終目標は自律した学習者

自律した学習者を育てるために

　小、中、高と英語を勉強してきた生徒たちの、大学入学段階での英語力というのは、千差万別だと思います。その英語力を使えるものにしていくにはどうすればいいか。「大量のインプットと少量・適量のアウトプット」をどう実行に移していくかがカギとなりますが、この段階までくれば、もうひとつ重要なのが、自律学習です。つまり、自分で自分の学習プログラムを組み立てていくことができるかどうか。そのために、大学英語教育や英語学校、英会話学校などがどういう手助けができるのか考えていきたいと思います。もちろん、ここで述べている情報は、英語教師も含めて社会人が自分で英語をブラッシュアップする場合にも参考になるでしょう。

インプット処理の質をいかに高めるか

　ここまでの議論で明らかなように、大量のインプットを確保することが大切なのですが、ただやみくもに聞いたり読んだりしていればいいというわけでもありません。インプット処理の質を高める必要があります。インプットの材料を選ぶ時——これは教える側もそうですし、学習者として、自分のインプット教材を決める時にもあてはまるわけですが——以下のような条件が重要だと考えられます。

（1）ある程度の理解度が保証できるもの

（2）感情に訴えるもの

（3）自分（学習者）にとって意味のあるもの

理解度を保証する

　これは、言うまでもなく、クラシェンのいう「理解可能なインプット」ということです。内容が理解できない場合には、本当の意味で処理しているとは言えないので、言語習得にはつながらない。意味処理をしなくても、音声処理はされることがあるので、全く役に立たないわけではありませんが、言語習得は根本的には形式（音声または文字）を意味に結びつけるプロセスなので、いかに意味理解を保証するか、常に注意を払う必要があります。

　具体的にはいろいろ方法が考えられますが、クラシェンが言っているのは、「言語外の情報を使う」ということです。これには、「視覚情報」（つまり、そこで何が起こっているか見られる）と「背景知識情報」があります。子どもの母語習得は、主に前者を使って行われます。同じような状況が目の前で何度も何度も繰り返され、それがルーティーンとなることにより、その状況に合った言語表現が習得されていくのです。一方、大人の第二言語習得はそうもいかないので、後者の背景知識、世界知識（world knowledge）がインプットを理解可能なものにす

るために重要になります。では具体的にどうすればいいか。

　まず、「分野を絞ったインプット」が効果的です。これは narrow listening/reading と呼ばれることもありますが、例えば、以前日本の大学で英語を教えていた時に、1年間にわたって、アメリカ大統領選挙を追ったことがあります。年度の初めには、学生たちは大統領選挙についてあまり知りません。例えば民主（Democratic）、共和（Republican）の2大政党があり、予備選挙（primary election）を戦い、候補を1人に絞ること、また選挙人制度など、日本にはないシステムがたくさんあります。これらを1年間かけて学習していくと、同じ内容が繰り返し出てくるので、背景知識が雪だるま式に増えていきます。さらに、日本語でも新聞やテレビのニュース番組などで知識を付けるようにする。そして英語面では、同じ単語や表現が何度も出てくるので、こちらからも内容理解は高まります。このようにすれば、ある程度高度な内容を「その分野に限ってならば」理解できるようになります。あとは、他の分野にも通用するように、単語や表現、また背景知識も広げていけばいいわけです。

　このような考え方をより体系的に具現化したのが、Content-Based Instruction（CBI）で、「内容重視の外国語教育」などと訳されています。イマージョンが教科を外国語、第二言語で教えるのに対して、あくまでも外国語を教えることが第一義です。つまり、内容を教えることを通して、外国語を教えるわけです。例えば、Adjunct Model（補助モデル）という方法があります。この方法では、アメリカの大学であれば、ノンネイティブの学生がネイティブスピーカーの学生と一緒に英語で心理学の授業

を受講する。ただそれだけではなかなか授業についていけないので、ノンネイティブの学生は同じような内容を英語のクラスでも学習するわけです。日本で応用するとすれば、日本語で心理学とか社会学の授業を取っている学生が、同時並行的に英語で関連内容を学習できるように授業編成をするということです。最近では、Content-Based Instruction から派生した CLIL（Content and Language Integrated Learning）という発展形も現れ、日本語で書かれた入門書も出ています（渡部良典・池田真・和泉伸一著『CLIL　内容言語統合型学習』（ぎょうせい））。

　また理解度を保証するために、同じ教材を何度も聞いたり、読んだりするという方法も効果的です。ただし、この場合飽きるというデメリットがあるので、例えば、同じニュースをいくつかのソースから見るといったことが考えられます。例えば同じニュースについて、ABC News, CNN, Fox News を比較するといったことです。東日本大震災当時の原発関係のニュースなどについて、*Japan Times* と *Daily Yomiuri, Mainichi Daily News, New York Times* などを比べると、かなり異なった報道をしています。また、同じ教材を使うならば、しばらくしてから忘れた頃にもう一度聞いたり読んだりすることも有効でしょう。以上のように、理解度を高めるために様々な方法があるので、学習者の状況に合わせて、工夫していく必要があります。さらに、この「分野を絞ったインプット」は個人の英語学習でも十分に応用できるので、ポートフォリオ学習との関連で後述します。

感情に訴えるインプット教材

　同じ時間をインプットに使うにしても、より記憶に残るもの、より習得に効果的なものがあれば、そのような教材を使うにこしたことはありません。そんな教材はあるのでしょうか。それをはっきりと示した研究はまだありませんが、感情に訴える教材というのが、それに当たるでしょう。例えば、人の心を揺さぶるようなスピーチや、映画の一場面などです。

　元アメリカ大統領、バラク・オバマ（Barack Obama）の演説などはいい例でしょう。余談になりますが、オバマが選出された2008年の大統領選の時期にアメリカにいられたことは、幸運というか感慨深いものがありました。実際にピッツバーグに来たオバマの演説を聞くこともできたし、シカゴでの勝利演説は本当に感動的でした。彼が、リンカーン大統領（Abraham Lincoln）のゲティスバーグ演説（Gettysburg Address）の"government of the people, by the people, for the people shall not perish from the earth" をもじって、"government of the people, by the people, for the people has not perished from the earth" と言った時には鳥肌がたちました。（この演説動画はYouTube で見られます。）

　僕が埼玉の公立高校で英語を教えていた時に使っていた教科書にキング牧師（Martin Luther King Jr.）の話があったので、彼の演説のビデオを授業で見せたり、演説の一部を暗唱させたりしていました。オバマの演説も共通するところがあります。

人を感動させるのです。チャーリー・チャップリン（Charlie Chaplin）の『独裁者』の演説も同様です。

このような人を感動させる「優れた教材」の効果というのは英語教育や SLA においてあまり科学的に検証されてはいませんが、ここで、フラッシュバルブ記憶（flashbulb memory）という心理学の概念に照らして少し考えてみましょう。ご存知の方も多いでしょうが、フラッシュバルブ記憶というのは、大きな事件が起こった時、その時のことを詳しく覚えているという現象です。例えば、ジョン・レノン（John Lennon）が射殺された時、僕は高校教員をやっていて、放課後、図書準備室にいたのですが、FEN をつけたところ、なぜかビートルズの曲ばかりやっていました。不思議に思っていたら、ジョン・レノンが射殺された、と DJ が言ったのです。その時の部屋の情景はいまでも鮮明に覚えています。

日本の大学をやめてコーネル大学に移った1997年、その最初の学期に認知心理学の大御所アーリック・ナイサー（Ulric Neisser）が心理学科で話をするというので聞きに行ったら、ちょうどこのテーマでした。彼が言うには、フラッシュバルブ記憶は、メディアなどで何度も聞いてその度に記憶が強化されるからよく覚えているということでした。しかし、それではもっと個人的な記憶について説明ができません。

自分が教えていた高校の同窓会で20年ぶりに会った生徒に、「先生は○○さんのかばんがかわいいといってほめた」と言われたのですが、その生徒が20年もたってその情景までも覚えているというのは、当然メディアで強化されていたわけではあり

ません。もうひとつ、フラッシュバルブ記憶がなぜ残るかの説に、感情が記憶に与える影響がいわれています。つまり、感情的に重要な出来事というのは意識的にせよ、無意識的にせよ、頭の中で何度も繰り返される、ということです。ですからこの場合、おそらくかばんをほめたことに何らかの感情的インパクトがあったのでしょう。

このように考えると、同じ英語教材を使うのでも、オバマ、キング牧師、チャップリンなど感情に訴えるものと、そうでないものの間には大きな差がつくと考えられます。このような研究はやろうと思えば簡単にできるので、修士論文などのトピックとして良いのではないかと思います。特に長期的効果を調べる遅延テストで大きな差が出てくるのではないか、という仮説がたてられます。

現在では、様々な動画が簡単に YouTube などで見られるので、記憶に残るような優れたインプット教材の一覧をリンクの情報とともに教師が用意して、学生がいつでも聞けるようなシステムを作っておくとよいでしょう。また、リスニングとリーディングを同じ教材でやることも効果的なので（後述）、トランスクリプトへのリンクも付けておくとさらによいと思います。

自分に関するインプットとアウトプット

第4章で紹介したカーネギーメロン大学の日本語プログラムでは、ゼロから始めて週4時間、3ヶ月ちょっと勉強すると、

15分の会話ができるようになります。中心となる言語活動は、自分のことや友だちのことについて話す、学生同士のインタビューです。

　ここで大事なのは、自分のことについて話す、ということです。これまでの心理学や脳科学の研究で、他人のことよりも自分のことの方が記憶に残り、また脳の中でも自分のことについては処理する部位が異なっている、ということがわかっており（ジンマー, 2005）、このことが、3ヶ月で15分話せるようになるという驚異的な成果につながっているのでしょう。

　ここまでの内容とも関連しますが、自分について話されていることは、感情的にも思い入れが強く、上で述べたフラッシュバルブ記憶とはいかないまでも、記憶の定着に効果が高いと思われます。また、自分のことでなくても、自分にとって重要な人や事柄についてのインプットは、そうでない場合より、記憶に残ることは間違いないでしょう。

リスニングとリーディングの連携

　「大量のインプット」を保証することが重要なわけですが、この場合、インプットはリスニングでもリーディングでもかまわない。ただし、片方だけではなく、両方やる必要があります。当然ながら、聞き取れるようになるにはたくさん聞く必要がありますし、ある程度のスピードで読めるようになるには、多読が必要になります。どちらも「理解可能なインプット」として

の役割は果たすので、理解できるものを聞いたり読んだりすれば習得につながるわけですが、この2つの大きな違いは、聞き取りの方が、より内容語に注意が行きがちで、文法項目の処理がおろそかになる傾向があるという点です（Wong, 2001）。ですから、第2章で解説した「インプット仮説の落とし穴」の問題を解消するには、音声によるインプットだけでなく、文字によるインプットも重要なのです。その意味でも、第4章の高校英語で紹介したL-S Reading（L-S input の方が名前としてはいいかもしれません）は、大学（Amitani, 2019）、社会人レベルでも有効でしょう。ただ、学生たちは高校までの文法学習で、ある程度文法項目にも注意を向けるように訓練されているので、それにあまりこだわることなく、読解の際、どんどん意味をとっていくことも重要です。何度も触れていますが、「正確さ（accuracy）」と「流暢さ（fluency）」のバランスをとることが重要なのです。

自律学習につなげる：ポートフォリオ学習

　以上のような「理解度を高める」ための工夫を、いかに学習者が自律的に英語を学習していくように学習活動につなげていけるかも、大学、社会人教育では重要です。ここで、少し前から広がっているポートフォリオ学習について紹介します。

　学習者の興味は千差万別です。アメリカ大統領選挙の話に絞った授業をしても、興味を持たない学生もいるでしょう。もち

ろんそれでも分野を絞ったインプットをすることの効果はあるので、やめる必要はないのですが、さらに、個々の学生の興味に合った narrow listening/reading をさせるにはどうすればいいか。

　自分自身の大学時代を振り返ってみると、分野を絞ったインプットを実践していました。大の競馬ファンだったので、競馬のことなら何でも知りたい、ということで、アメリカやヨーロッパの競馬の記事を英語で徹底的に読んだわけです。アメリカの競馬については *Sports Illustrated* という雑誌を、ヨーロッパの競馬については *London Times* などを図書館でむさぼるように読みました。さらに、ケンタッキーダービーなどの大レースの時は（時差の関係で）早起きして、FEN の生中継を聞いたものです。もちろん、競馬に絞ったインプットは他の学生には通用しません。個々の学習者の持つ興味は千差万別だからです。

　もうひとつ、もともと時事問題にも興味があったので、英語のニュースを聞いたり読んだりしました。さらにこの時に、日本語の新聞、特に国際面の記事をすみからすみまで読んで背景知識を付けるように努力しました。また日本のニュースについてはまず夕方日本語のニュースを見て知識を仕入れ、当時夜の11時からやっていた2か国語ニュースを英語で聞くようにして、インプットの理解度を保証していたわけです。もちろん、当時は SLA の知識など何もないのですが、工夫して効率の良い学習を考えていたのでしょう。

　このような narrow listening/reading をいかにして学生に実

践させるかですが、「ポートフォリオ学習」が有効です。具体的には、学生がどのようにして英語学習をしたかの記録をとらせて、できる範囲でその証拠を提出させ、その結果を成績評価の一部とする、という方法です（Donato & McCormick, 1994）。これで学生が自分の興味分野についてのインプットを増やすことを奨励する。そして、さらに個々の学生がどこにそのようなインプットの材料があるかを見つけるのを、教師の側で手助けしてあげることも重要です。つまり、第2章で述べたように、漠然とした動機づけがあっても、「学習行動」につながらなくてはだめなので、それをプッシュしてあげるために、成績評価に入れる、またその具体的方法を見つけるのを援助することにより学習行動につなげる、ということです。インターネットの発達により、インプットの材料を見つけることは昔と比べて格段に容易になっています。リスニングの材料は YouTube などですぐに見つかりますし、ニュース番組のトランスクリプトなども、ウェブ上にのっています。

　インプットの内容は何でもかまいません。経済、政治、言語学のようなかたい話でもいいし、スポーツ、芸能、ゴシップなどでもいい。なにしろ好きこそものの上手なれ、**自分の知りたい内容について徹底的に英語で情報を収集する。「英語を」勉強する段階から、「英語で」情報を入手する段階へ進む手助けを教師がするのです。**このような取り組みが、学生が自分で自律的に学習活動を組み立てていくためのきっかけとなるでしょう。なお、ポートフォリオ学習は、大学、社会人だけでなく、高校、中学などでも可能です。その際、生徒のレベルに合わせ

た手助けが必要になることは言うまでもありませんが。

インプット処理の質を高めるアウトプットの効用

すでに第2章で詳しく述べたように、アウトプットの効用については、様々な議論があります。アウトプットの効用は（1）すでに知っている知識を組み合わせて使うことにより、知識の自動化につながる、(2)自分の言語のどこが不十分かに気づくことができ、それが学習につながる、ということが日本の状況では重要な役割になります。

インプットの重要性は強調しても強調しすぎるということはないのですが、第2章で述べたように、インプットだけでは習得は起こらない、という証拠もあります。例えば、テレビを見ているだけで話し相手がいないと、母語としても習得できないという事実。また、移民などによく見られる、現地のことばを習得してしまい、親のことばは聞いてわかるだけで、話せなくなってしまう、いわゆる「受容バイリンガル」の存在です。これらに共通するのは、聞いているだけで話す必要がない、ということです。ですから、インプットに加えて「アウトプットをする必要性」がなければだめ、ということになります。つまり、実際に話さなくても、話す必要性があれば、頭の中で無意識的にせよ意識的にせよ、話す内容をリハーサルする、ということです。上で述べた、フラッシュバルブ記憶とも共通する点があるでしょう。知らないうちに頭の中で繰り返し記憶を強化する

わけです。

　以上の考えに基づけば、インプットそのものプラス、少量で
もよいからアウトプットをしてインプット処理をより有効にす
るというのが、言語習得には効果的であるということがわかり
ます。それを示したのが前述の Gass & Alvarez Torres（2005）
のスペイン語習得の研究で、インプットとインターアクション
（会話練習）をどのように組み合わせたら効果的か、というこ
とを調べたところ、インプットだけ、またはインターアクショ
ンだけを単独でやるよりも、インプットとインターアクション
を組み合わせた方が効果的で、組み合わせ方は、インプットを
後にした方が効果的、という結果が出ました。おそらく、アウ
トプットすることにより、自分のどこが足りないのか、つまり
自分の知識のギャップに気がつき、それで次に聞く時の集中度
が高まるのでしょう。アウトプットの時に言えなかったことが
聞くこと（インプット）によってなんと言えばいいかわかる、
というわけです。アウトプット練習をしたらそこで終わりとい
うのではなく、もう一度インプット活動を入れるのが効果的と
いうことになります。

　このように、インプットにより習得が進み、アウトプットに
よりインプットの質を高め、さらなる習得につなげていく、と
いう考え方が言語習得理論からは効果的だと思われます。アウ
トプットの量そのものはそれほど多くなくてもかまわないので
す。この考えを実践に移したのが、『はじめての英語日記』（吉
田研作・白井恭弘著, 2007, コスモピア）です。毎日少しでも、自
分のことについて書いていくことによって、インプットを処理

する時の効果が高まり、言語習得が進む、という考え方です。また拙著『しゃべる英文法』(2009 / 2020, コスモピア) では、インプットから話す方のアウトプットにつなげるための教材を提供しており、実際に大学や英会話学校で教科書として使われていますので参考にしてみていただければと思います。

インプットからアウトプットへ

　大学生や社会人になればもう、すぐに話せたり書けたりすることが期待されます。つまり、いつまでもインプット一辺倒ではだめ、ということです。ですから、アウトプット練習が当然必要になります。ただその場合でも、十分なインプットなしに話す練習をするのでは、ブロークン・イングリッシュになってしまいます。高校までで十分なインプット処理をしてきた場合はともかく、そうでない場合が多いので、インプット活動を保証した上で、アウトプット活動を増やしていく必要があります。教室内はもとより、教室外のアウトプット活動を増やしていく上でも、ポートフォリオ学習は有効です。

　よく聞かれるのは、「大量のインプットと少量・適量のアウトプットというが、どれくらいの比率でやればよいのか」ということです。これは一概には言えないのですが、英語のレベルが上がるにつれて徐々にアウトプットの比率を増やしていくことが重要です。学習開始時には100パーセントインプットでかまわない。そこから少しずつ増やしていけばいいわけです。母

語における言語使用でも、話したり書いたりするよりも、読んだり聞いたりしている時間の方が圧倒的に多いわけですから、英語学習においても、インプットの方が多くて当たり前なのです。ただ、特に短期的に話す力を伸ばしたい、例えば留学や海外出張が決まっている時などには、自動化を強化する意味でアウトプット練習を一時的に増やすことも有効でしょうが、基本は上級者でもインプット7、アウトプット3くらいでいいでしょう。

CMC（Computer-Mediated Communication）の無限の可能性

　ここにきて、インターネットの発展により、少し前には考えられなかったアウトプット、インターアクション活動が可能になっています。CMC（Computer-Mediated Communication）、すなわちコンピュータを使ったコミュニケーションには2つのタイプがあり、同時性のあるもの（synchronous）とないもの（asynchronous）に分かれます。前者は、相手からすぐに反応が返ってくるもので、文字チャット、音声チャット、ビデオチャット（ビデオ通話）などがあります。一方、後者に当たるのは、メール、掲示板、ネット上のコメントなどです。これらのプラットフォームは近年目覚ましい発展をとげ、ほとんどが無料で利用できます（例えば、Skype, Google Talk, Facebook, Zoom, FaceTime など）。ポートフォリオ学習の一環として、何

らかのアウトプット活動を要求すれば、学生も工夫して自分に合ったものを探してくるでしょう。また、教師の側が具体的に使いやすいインターネット上のコミュニティを紹介してあげることも大事です。

　これまで述べてきたように、インプットの質を高めるためには、アウトプットもしくは、アウトプットの必要性が欠かせません。CMC を使って世界の人々と英語でコミュニケーションをとることで、英語学習のモーティベーションがさらに上がってくることも期待されます。

　皮肉なことですが、2019年に全世界を襲った新型コロナウイルス（COVID-19）の猛威は、CMC の必要性・有用性を明らかにしました。人と人が実際に会ってコミュニケーションすることが難しい状況の中、CMC が教育活動、経済活動などを続ける上で果たした役割は計り知れません。また、それに伴って様々なオンライン活動が普通のこととなり、現地に行かずともいろいろなことができる時代になりました。僕自身、アメリカにいながら Zoom などで世界中の会議に参加し、日本や中国を対象に頻繁にオンライン講演をしています。また、オンラインによる英語授業もコロナ前に比べると格段に増えており、日本にいながら世界とつながることが容易になっています。今後コロナが収束して以前のような生活に戻れるのかはまだわかりませんが、CMC が身近になったという現実は残ります。これをいかに日本人の英語力向上につなげていくかを考えていくのも、英語教師、英語教育関係者にとって重要なことではないでしょうか。

●参考文献

Donato, R. & McCormick, D.（1994）. A sociocultural perspective on language learning strategies: The role of mediation. *The Modern Language Journal, 78*, 453-464.

Gass, S. & Alvarez Torres, M. J.（2005）. Attention when? An investigation of the ordering effect of input and interaction. *Studies in Second Language Acquisition, 27*, 1-31.

Wong , W.（2001）. Modality and attention to meaning and form in the input. *Studies in Second Language Acquisition, 23*, 345-368.

ジンマー，C（2006）「自己の神経生物学：「私」は脳のどこにいるのか」『別冊日経サイエンス154：脳から見た心の世界』18-25. 日経サイエンス社.

おわりに

　最後に、自己紹介を。僕は大学で英語を専攻し、卒業後すぐ、
公立高校の教員として7年間英語を教えました。その間、バス
ケット部の顧問兼コーチもつとめ、教科と部活の両立に悩んだ
ものです。高校生に英語を教えているうちに、もう少し科学的
に英語教育に取り組んでいきたいと思い、カリフォルニア大学
ロサンゼルス校（UCLA）に留学して修士、博士課程を終えま
した。その後日本の大東文化大学で教え、そこで5年目くらい
にピッツバーグにあるカーネギーメロン大学で客員教授として
日本語と SLA を教えました。その経験が非常に面白くかつ刺激
的で、アメリカもいいなと思い、その後10年ほどコーネル大
学で教えることになりました（その間2年ほど香港中文大学で
も教鞭をとりました）。2006年にピッツバーグ大学に移り、さ
らに2015年にケースウエスタンリザーブ大学に移って言語学、
認知科学を現在まで教えています。
　現在の僕自身の研究対象は、主に tense-aspect の習得につい
てです。英語だけではなく世界中のありとあらゆる言語に興味
を持って研究しています。テンス（時制）の方は例えば過去形、
現在形、未来形など、アスペクト（相）の方は例えば英語でい
えば進行形、日本語なら「ている形」などです。具体的にどん
なことを調査しているのかというと、例えば、過去形の中にも
難しいものと易しいものがある。一般的には過去形はどれも過
去形で、同じくらい難しいと思われているかもしれませんが、
じつはそうではなくて、例えば、He died. と He loved Mary. と

を比べると、He died. の方が易しいのですね。なぜかというと、瞬間動詞よりも状態動詞の過去形の方が難しいのです。また、進行形の中にも易しいものと難しいものとがある。これは、もうちょっと納得がいく人が多いのではないかと思うのですが、例えば、He is running. の方が He is dying. よりも易しい。活動動詞のほうが瞬間動詞よりも進行形にするのは易しいんですね。そしてなぜそうなるのか、それが言語習得の理論にとってどんな意味を持つのか、というところまでを研究しています。かなり専門化というか細分化した内容ですが、非常に面白いので、もしご興味のある方は拙著『コーパスと言語習得研究』（くろしお出版、近刊）をご覧ください。

　僕の原点は、大学を卒業した後、埼玉県の高校で7年間教えたことです。その後のアメリカ行きだけ見ると、この人は研究ばかりやっていて現場の実践とは縁がないのではないかと思われるかもしれませんが、第5章で詳しく紹介したように、僕は高校で教えていたときにクラシェンの理論を現場に応用した実践を行っていました。さらに、その後もアメリカでは日本語を、日本では英語を教え、長いこと第二言語教育の現場に関わってきました。その間つねに理論と実践の融合、つまり、いかに理論を実践に結びつけるか、またいかに実践を理論構築のために生かすかを考えてずっとやってきました。最近は、外国語を教える機会はあまりありませんが、第二言語習得などの（応用）言語学の授業を担当しながら、理論と実践を結びつけるべく研究を続けています。このような経歴からくるユニークな視点や提言を本書から読み取っていただければと思います。

アメリカの大学院に願書を出した時に書いた出願エッセイには、英語教授法を勉強して、日本の英語教育の向上に貢献したい、という内容が書いてありました。その後、紆余曲折がありましたが、本書で目指したのは、まさにこの時の志だと思います。本書が少しでも日本の英語教育の改善に、またひいては日本人の英語能力の向上に貢献できれば幸いです。

競馬の国際招待レース「ジャパンカップ」の第1回が行われたのは今から40年前の1981年のことです。外国からは二流馬しか来なかったにもかかわらず日本馬は5着が最高で、世界のレベルの高さに驚愕したものです。ショックを受けた日本の競馬関係者は、その後世界に追いつくための努力を重ね、最近ではジャパンカップの上位はほとんどが日本の馬です。日本馬が海外の大レースを勝つことも普通になり、震災直後の2011年3月の世界最高賞金レース、ドバイワールドカップで日本馬がワンツーを決めたのは印象的なことでした。また、2022年のサウジアラビア、ドバイでの国際レースでは日本馬が半数以上のレースを勝ち、世界を驚かせています。この30〜40年で日本の馬のレベルが飛躍的に向上したのです。一方、日本人の英語力はこの40年であまり向上していないようです。もちろん、競走馬の能力と日本人の英語力を同じに扱うことはできませんが、ジャパンカップのショックが日本の競馬を変えたように、日本の英語教育界も何かをきっかけによりよい方向に変わることが望まれます。必要なのは変えようとする意志とそのための正しい方策なのです。

なお、本書を読んで、質問、感想などがあれば、yasshiraielt

@gmail.com に送っていただければと思います。すぐに返事ができないようなご質問もあるかと思いますが、必ず返信するようにしています。

　本書の執筆にあたっては、大修館書店の池田菜穂子さん、五十嵐靖彦さんに大変お世話になりました。広島大学（当時。今は京都大学）の柳瀬陽介先生には初版の草稿に、また早稲田大学の佐々木みゆき先生には改訂版の草稿の一部に目をとおしていただき、それぞれ貴重なコメントをいただきました。また、初版執筆の際、日本の英語教育の現状に関する座談会に参加してくださった、阿部梢先生（日野市立日野第六小学校）、飯田浩行先生（世田谷学園高等学校）、執行明美先生（川崎市立南加瀬中学校）、田縁眞弓先生（立命館小学校）に感謝いたします（所属は当時のもの）。座談会の内容は随所に反映されています。本書の第1、2章の内容は、部分的に、『全英連会誌』（47号）、『九州国際大学国際関係学論集』（第6巻）に採録された講演録に基づいており、講演の書きおこしの労をとってくださった関係の先生方に感謝いたします。

　最後になりましたが、初版執筆中の 2011 年 3 月 5 日に急逝した母、白井雅子に本書を捧げたいと思います。

　　2022 年秋　クリーブランドにて

白 井 恭 弘

推薦図書リスト

　SLA や応用言語学についてより深く知るための基本図書や、英語の授業をする上で読んでおきたい書籍をまとめました。(本文中で紹介した書籍には、そのページをつけました。)

石渡一秀、グレッグ・ハイズマン (2011)『現場で使える教室英語――重要表現から授業への展開まで』三修社

卯城祐司 (編著) (2011)『英語で英語を読む授業』研究社 (p. 118)

SLA 研究会 (編) (1994)『第二言語習得研究に基づく最新の英語教育』大修館書店

大関浩美 (2010)『日本語を教えるための第二言語習得論入門』くろしお出版

小池生夫・寺内正典・木下耕児・成田真澄 (編) (2004)『第二言語習得研究の現在――これからの外国語教育への視点』大修館書店

小柳かおる (2021)『日本語教師のための新しい言語習得概論 (改訂版)』スリーエーネットワーク

佐々木嘉則 (2010)『今さら訊けない…第二言語習得再入門』凡人社

迫田久美子 (2020)『日本語教育に生かす 第二言語習得研究 (改訂版)』アルク

白井恭弘 (2004)『外国語学習に成功する人、しない人――第二言語習得論への招待』岩波書店 (p. iii, 94)

白井恭弘 (2008)『外国語学習の科学――第二言語習得論とは何か』岩波書店 (p. iii, 74, 125)

白井恭弘 (2020)『耳からマスター！　しゃべる英文法 (新装版)』コスモピア (p. 149)

白井恭弘 (2013)『ことばの力学――応用言語学への招待』岩波書店

白井恭弘 (2013)『英語はもっと科学的に学習しよう――SLA (第二言語習得論) から見た効果的学習法とは』中経出版 /KADOKAWA

鈴木渉（編）（2017）『実践例で学ぶ 第二言語習得研究に基づく英語指導』大修館書店

鈴木孝夫（1973）『ことばと文化』岩波書店（p. 70）

高瀬敦子（2010）『英語多読・多聴指導マニュアル』大修館書店（p. 122）

中田達也・鈴木祐一（編）（2022）『英語学習の科学』研究社

畑佐由紀子（編）（2003）『第二言語習得研究への招待』くろしお出版

バトラー後藤裕子（2005）『日本の小学校英語を考える——アジアの視点からの検証と提言』三省堂（p. 101）

馬場今日子・新多了（2016）『はじめての第二言語習得論講義——英語学習への複眼的アプローチ』大修館書店

山岡俊比古（1997）『第2言語習得研究（新装改訂版）』桐原ユニ

吉田研作・白井恭弘（2007）『はじめての英語日記』コスモピア（p. 148）

Brown, H. D.（1980）. *Principles of language learning and teaching*. Englewood Cliffs, NJ: Prentice Hall.（阿部一・田中茂範訳（1983）『英語教授法の基礎理論』金星堂）［原著は6版（2014）］（p. 28）

Bialystok, E. & Hakuta, K.（1994）. *In other words: The science and psychology of second-language acquisition*. New York: Basic Books.（重野純訳（2000）『外国語はなぜなかなか身につかないか——第二言語学習の謎を解く』新曜社）

Cook, V. J.（1991）. *Second language learning and language teaching*. London: Arnold.（米山朝二訳（1993）『第2言語の学習と教授』研究社出版）［原著は5版（2016）］

Dörnyei, Z.（2001）. *Motivational strategies in the language classroom*. Cambridge: Cambridge University Press.（米山朝二・関昭典訳（2005）『動機づけを高める英語指導ストラテジー35』大修館書店）（p. 26）

Ellis, R.（1985）. *Understanding second language acquisition*. Oxford: Oxford University Press.（牧野高吉訳（1988）『第2言語習得の基礎』ニューカレントインターナショナル）

Ellis, R.（1994）. *The study of second language acquisition*. Oxford: Oxford University Press.（金子朝子抄訳（1996）『第二言語習得序説——学習者言語の研究』研究社出版）

Larsen-Freeman, D. & Long, M. H.（1991）. *An introduction to second language acquisition research*. London: Longman.（牧野高吉・萬谷隆一・大場浩正訳（1995）『第2言語習得への招待』鷹書房弓プレス）

Lightbown, P. M. & Spada, N.（2013）. *How languages are learned.*（4th ed.）Oxford: Oxford University Press.（白井恭弘・岡田雅子訳（2014）『言語はどのように学ばれるか——外国語学習・教育に生かす第二言語習得論』岩波書店）［原著は5版（2021）］

Mercer, S. & Dörnyei, Z.（2020）. *Engaging language learners in contemporary classrooms*. Cambridge: Cambridge University Press.（鈴木章能・和田玲訳（2022）『外国語学習者エンゲージメント——主体的学びを引き出す英語授業』アルク）

索引

人名索引

[著者略歴]

白井恭弘（しらい　やすひろ）

東京都出身。上智大学外国語学部英語学科卒業。浦和市立高校教諭を経て，カリフォルニア大学ロサンゼルス校（UCLA）修士課程（英語教授法専攻），博士課程（応用言語学専攻）修了，Ph.D.（応用言語学）。大東文化大学外国語学部英語学科助教授，コーネル大学現代語学科助教授，同アジア研究学科准教授（tenured），香港中文大学日本研究学科教授，ピッツバーグ大学言語学科教授などを経て，現在ケースウエスタンリザーブ大学認知科学科教授。専攻は，言語学，言語習得論。学術誌 First Language, Frontiers in Psychology の共同編集者（Associate Editor），International Review of Applied Linguistics in Language Teaching などの編集委員。オンライン英語学校スパトレ社外取締役。著書に，『外国語学習に成功する人，しない人』（岩波科学ライブラリー，2004; 韓国語版，2007），『外国語学習の科学』（岩波新書，2008; 中国語版，2021），『英語はもっと科学的に学習しよう』（中経出版/KADOKAWA，2013），『ことばの力学』（岩波新書，2013），The Acquisition of Lexical and Grammatical Aspect（Mouton de Gruyter, 2000, 共著），Connectionism and Second Language Acquisition（Routledge, 2019; 韓国語版，2021）などがある。
URL: https://cognitivescience.case.edu/faculty/yasuhiro-shirai/

英語教師のための第二言語習得論入門 改訂版
© Yasuhiro Shirai, 2023　　　　　　　　　　NDC375／xi, 163p／19cm

初版第 1 刷──2023 年 2 月 1 日

著　者──────白井恭弘
発行者──────鈴木一行
発行所──────株式会社大修館書店
　　　　　　　〒113-8541 東京都文京区湯島 2-1-1
　　　　　　　電話 03-3868-2651（販売部）/ 03-3868-2292（編集部）
　　　　　　　振替 00190-7-40504
　　　　　　　[出版情報] https://www.taishukan.co.jp

装丁者──────井之上聖子
印刷所──────広研印刷
製本所──────プロケード

ISBN978-4-469-24661-2　　　　　　　　　　　　　Printed in Japan